1600+ Essential Dutch Phrases

Easy to Intermediate

Pocket Size Phrase Book for Travel

By

Fluency Pro

Disclaimer

1600+ Essential Dutch Phrases
First Edition: March 16, 2023

Cover images licensed through Shutterstock.

Table of Contents

INTRODUCTION 5
ORDERING FOOD 10
BUYING TRAVEL TICKETS 14
EMERGENCY SITUATIONS 18
TECH SUPPORT 22
SMALL TALK 27
ON A DATE 32
SHOPPING FOR CLOTHES 35
SIMPLE ANSWERS TO COMMON QUESTIONS 39
ASKING FOR AND GIVING DIRECTIONS 40
COMMON BUSINESS STATEMENTS AND QUESTIONS 43
STAYING AT A HOTEL 46
WEATHER 49
AT THE HOSPITAL 52
AT THE DOCTOR 56
WORKING OUT AT A GYM 59
COMMON GREETINGS 63
BANKING 66
COMMON TRAVELER QUESTIONS 67
COMMON RESPONSES TO QUESTIONS 71
PETS 74
COLORS 78
NUMBERS 82
HANDLING A RUDE PERSON 85
AT THE DENTIST 89
COMMON QUESTIONS IN A NEW COUNTRY 93
POLITE RESPONSES 96
DESCRIBING PEOPLE 103
DESCRIBING THINGS 107

MAKING A SUGGESTION 108
HOBBIES AND INTERESTS 110
MAKING PLANS 118
TALKING ABOUT DAILY ROUTINES 123
GIVING AND ASKING FOR ADVICE 125
TALKING ABOUT LIKES AND DISLIKES 128
EXPRESSING AGREEMENT OR DISAGREEMENT 132
MAKING EXCUSES 134
ASKING AND GIVING PERMISSION 139
MAKING COMPARISONS 143
EXPRESSING GRATITUDE AND APOLOGIES 147
MAKING PHONE CALLS 150
DESCRIBING FEELINGS AND EMOTIONS 153
DISCUSSING HEALTH AND WELL-BEING 157
DESCRIBING JOBS AND PROFESSIONS 161
GIVING AND RECEIVING INSTRUCTIONS 166
EXPRESSING UNCERTAINTY AND PROBABILITY 170
SKILLS 175
FAMILY 179
BUSINESS NEGOTIATION 185
DESCRIBING ARTWORK 189
WATCHING EUROPEAN SOCCER 194
VISITING A BARBER OR HAIRSTYLIST 197
SHOPPING AT A GROCERY STORE 201
HOME SUPPLIES 207

INTRODUCTION

Welcome! This book offers important phrases for communicating with people and doing daily tasks, such as going to a restaurant or asking for directions, when traveling to Dutch-speaking regions. This book can also assist you in deciphering common signs and bulletins, as well as give culturally relevant information.

Learning a new language can also be a rewarding personal development experience. It can boost your confidence and cognitive abilities, and provide a way to connect with others and expand your horizons.

Dutch is a language spoken by approximately 24 million people worldwide. Its primary use is in the Netherlands, Belgium, and Suriname. In the Netherlands, about 17 million people speak Dutch, which is almost the entire population of the country. In Belgium, Dutch is one of the three official languages and is spoken by around 6.5 million people, mostly in the northern region of Flanders. Suriname, a small country in South America, has around 400,000 Dutch speakers, as it is the official language of the country. The Caribbean islands of Aruba, Bonaire, Curaçao, and Sint Maarten are also part of the Kingdom of the Netherlands, and Dutch is one of their official languages, along with Papiamento. Small Dutch-speaking communities also exist in France and Germany. Additionally, there are Dutch-speaking communities in other parts of the world, including the United States, Canada, Australia, and New Zealand.

The Dutch language is a Germanic language that uses the Latin alphabet and has some similarities with German and English, particularly in terms of grammar and vocabulary. Dutch has many dialects, and some of these can be difficult to understand for speakers of other dialects or even the standard Dutch language. Dutch pronunciation can also be tricky, with some unique vowel sounds and the use of guttural consonants like "g" and "ch".

Dutch culture is known for its directness and bluntness, which can sometimes come across as rude or impolite to people from other cultures. They are also generally egalitarian, with a strong belief in equal rights and opportunities for all. The Dutch are proud of their cultural heritage, particularly their art and architecture, which includes works by famous painters like Rembrandt and Van Gogh, as well as unique canal houses and windmills.

A phrasebook can be a valuable resource when traveling to Dutch-speaking countries. By providing basic phrases for communication, a phrasebook can help travelers navigate everyday situations, such as ordering food or asking for directions. Before traveling, it's important to practice key phrases so you can use them confidently in conversation.

A phrasebook can also provide useful phrases for emergency situations, such as seeking medical attention or reporting a crime.

How This Book Is Organized

In this book, you will find over 1600 common Dutch phrases organized by usage or situation.

Each entry has the English phrase, the Dutch translation, and an explanation of how it sounds. If you want to know how the Dutch words you see written sound, you can use the phonetic transcription to compare them to sounds you already know. Every transcription has been broken up into syllables and separated by dashes. There are spaces between each word. The syllables in capital letters stand out, but not the ones in lowercase letters.

The Dutch language has a similar sentence structure to English, with a subject-verb-object (SVO) word order. However, there are some differences in grammar and structure that make Dutch a unique language.

For example, Dutch has two articles, "de" and "het", which are used to indicate the gender of a noun. Adjectives also take on different forms depending on the gender of the noun they describe.

Another important aspect of Dutch grammar is the use of separable verbs. In Dutch, some verbs consist of a main verb and a prefix, and these two elements can be separated in a sentence. For example, the verb "opbellen" (to call someone) can be separated into "op" and "bellen" in a sentence like "Ik bel hem op" (I'm calling him).

Dutch also has a complex system of word order in subordinate clauses, where the word order is inverted and the verb is moved to the end of the sentence. This can take some practice to master, but it's an important aspect of Dutch grammar.

Overall, the Dutch sentence structure is fairly straightforward, but there are some nuances and complexities that make it a fascinating language to learn and use.

Vowels

Dutch vowels can be pronounced differently from English vowels, so it's important to pay attention to their unique sounds when learning the language.

Here's a brief overview of the five vowel sounds in Dutch:

- "A" is pronounced like the "a" in "father" or "car"
- "E" is pronounced like the "e" in "set" or "met"
- "I" is pronounced like the "i" in "machine" or "scream"
- "O" is pronounced like the "o" in "go" or "show"
- "U" is pronounced like the "u" in "rule" or "cool"

As with the previous examples, Dutch also has some vowel combinations that can be challenging for non-native speakers. For instance, the combination "ui" is pronounced like the "oy" in "boy", while the combination "eu" is pronounced like the "u" in "nut".

Remember that the length of the vowel sounds in Dutch can also change the meaning of a word. For example, "kan" with a short "a" means "can" or "able to", while "kaan" with a long "aa" means "jerk". Understanding and mastering Dutch vowel sounds is an essential part of learning to speak the language fluently.

Consonants

Dutch consonants are generally pronounced similarly to English consonants, with a few notable differences. Here's a brief overview of the most important Dutch consonant sounds:

- "B" is pronounced like the "b" in "bed" or "big"
- "D" is pronounced like the "d" in "dog" or "dad"
- "F" is pronounced like the "f" in "fun" or "fast"
- "G" is pronounced like a guttural "h" sound in the back of the throat, similar to the "ch" in the Scottish word "loch" or the German word "Bach"
- "H" is pronounced like the "h" in "hat" or "hot"
- "J" is pronounced like the "y" in "yes" or "yellow"
- "K" is pronounced like the "k" in "kite" or "kid"
- "L" is pronounced like the "l" in "leg" or "lime"
- "M" is pronounced like the "m" in "man" or "mom"
- "N" is pronounced like the "n" in "no" or "nice"
- "P" is pronounced like the "p" in "pie" or "peach"
- "R" is pronounced with a rolling "r" sound that is similar to the Spanish or Italian "r"
- "S" is pronounced like the "s" in "sun" or "sing"
- "T" is pronounced like the "t" in "tea" or "talk"
- "V" is pronounced like the "v" in "very" or "vote"
- "W" is pronounced like the "v" in "voice" or "van"
- "Z" is pronounced like the "z" in "zebra" or "zone"

It's important to note that some Dutch consonants, particularly "g" and "r", can be more challenging to pronounce for non-native speakers due to their unique sounds. However, with practice and guidance, anyone can learn to speak Dutch fluently and accurately.

Stressors and Intonation

In Dutch, syllables are stressed differently depending on the word. Here are the basic rules for stress in Dutch:

In most Dutch words, the stress falls on the first syllable. For example: "bákker" (baker), "táfel" (table), "zélf" (self).

Some Dutch words have stress on the second syllable. This is usually the case for words that end in "-ie", "-iek", "-isch", "-eus", and "-ment".

For example: "studíe" (study), "logístiek" (logistics), "íronisch" (ironic), "cóntacteus" (contact), "éxperiment" (experiment).

There are also some Dutch words with stress on the third or fourth syllable. These tend to be longer, more complex words. For example: "démocratie" (democracy), "evolútielijn" (evolutionary line), "áfstandsbediening" (remote control).

It's worth noting that the rules for stress in Dutch can be a bit more complicated than this, and there are exceptions to these basic patterns. However, if you can remember these general rules, you'll be well on your way to speaking Dutch with proper stress and intonation.

ORDERING FOOD

Hi, table for two, please.
Hallo, tafel voor twee alstublieft.
Hallo, tafel voor twee AHL-stuh-BLEEFT.

Could we have a booth/table, please?
Mogen we een hokje/tafel, alstublieft?
Mogen we EEN hokje/tafel, AHL-stuh-BLEEFT

Can we see the menu list, please?
Mogen we de menukaart zien?
Moh-GHUHN weh duh MEH-NOOH-kart zien?

Can we see the wine list, please?
Mogen we de wijnkaart zien?
Kun-NUN VUH duh WAIN-kaart seen, ahl-SJUH-bleeft?

What do you recommend?
Wat raadt u aan?
Wat RAHTuu ahn?

Could we have some water, please?
Mogen we alsjeblieft water?
Mou-GHUN vuh ahl-SYUH-bleeft WAH-ter?

I'd like to order the salmon, please.
Ik wil de zalm bestellen, alstublieft
Ik wil duh ZAHLM be-stell-uh, AHL-stuh-BLEEFT.

Can I have the steak well-done, please?
Mag ik de steak well-done, alstublieft?
Mahg ik duh STEAK well-done, AHL-stuu-BLEEFT?

Could I get a side of fries with that?
Zou ik daar een frietje bij kunnen krijgen?
Zou IK daar een FRIETJE bij kunnen KRIJGEN?

Could we have some more bread, please?
Podemos ter mais pão, por favor?
PODEMOS ter MAIS pão, por FAVOR?

I'm allergic to nuts, is there any dish without them?
Ik heb een notenallergie, zijn er gerechten zonder noten?
Ik heb ayn NOH-tun-al-LER-GIE, dus ik kan GUH-ain noh-TUN AY-ten

Can we pay separately, please?
Kunnen we apart betalen, alstublieft?
Kuhn-NUN weh ah-PAHRT buh-TAH-lun, AHLSTUU-bleeft?

This was delicious!
Dit was heerlijk!
Dit WAHS heyr-LIKH!

Do you have any vegetarian options?
Heb je vegetarische opties?
Heb yuh vuh-GHUH-tah-ris-she op-TEES?

How spicy is this dish?
Hoe pittig is dit gerecht?
Hoo pit-TIGH is dit guh-REHGT?

Can I have a glass of red/white wine?
Mag ik een glas rode/witte wijn?
MAHG ik AYN glahs roh-RUH/wit-TUH wijn?

Could we have some more napkins, please?
Mogen we nog wat servetten, alstublieft?
Moh-GHEN we nog wat SUHR-vet-ten, ALSHUH-bleef?

This is not what I ordered.
Dit is niet wat ik besteld heb.
Dit is NEET vat ik be-STELD hehb

Can you please heat this up?
Kun je dit alsjeblieft opwarmen?
Kun YUH DIT ahl-SJUH-bleeft ohp-WAHR-muhn?

Can we have the leftovers to go, please?
Mogen we de restjes meenemen, alsjeblieft?
Mogh-UHN we duh rehst-YUHS mey-nuh-MUHN, ahl-sjuh-bleeft?

Excuse me, is the service charge included?
Pardon, zijn de servicekosten inbegrepen?
Pahr-DOHN, zyn duh SEHR-VEES-kohstehn in-beh-GREH-puhn?

Can we split the bill?
Kunnen we de rekening splitsen?
Kun-NUN we duh ray-KNING SPLIT-sun?

Can I get a to-go box for this?
Kan ik hiervoor een to-go box krijgen?
Kahn ik HEER-voor ayn toh-GOH box KRY-ghen?

Is service included?
Is service inbegrepen?
Is ser-VIES in-be-GE-pen?

Can we have separate checks, please?
Kunnen we aparte cheques krijgen, alstublieft?
KOEN-nun we a-PAHR-tuh shex KRIEG-un, ALSTOE-blief??

Can we see the dessert menu, please?
Mogen we de dessertkaart zien, alstublieft?
Moh-GHUN vuh duh deh-SERT-kart zien, ALSTOE-blief?

This dish is too salty.
Dit gerecht is te zout.
Dit ghuh-REKT is tuh ZOUT

Do you have any vegetarian options?
Heb je vegetarische opties?
Heb ye vuh-GUH-taa-ree-SJUH op-TIES?

Thank you, the meal was great.
Bedankt, de maaltijd was geweldig.
Buh-DAHNGKT, duh MAAL-tayd vas guh-WEL-dig.

I would like to order(Selected).
Ik wil graag bestellen.
Ik wil GRAHG bestellen.

Could you please recommend something?
Kunt u alstublieft iets aanbevelen?
Kunt u alstublieft iets ahn-beh-veh-len?

Can I have a glass/bottle of...?
Mag ik een glas/fles...?
Mag ik een GLAHS/fles...?

Can we have the bill, please?
Kunt u de rekening brengen, alstublieft?
Kunt u deh reh-KENING BRENGEN, ALSTOE-blief??

Can we pay separately/together?
Kunnen we apart/samen betalen?
Kunnen WEH AH-PAHRT/SAH-men BEH-tah-len?

Do you accept credit cards?
Accepteert u creditcards?
Ahk-SEHP-teert u KREH-diet-KAHRT?

How much is it?
Hoeveel kost het?
Hoo-VUHL kost het?

Could we have some more water, please?
Kunnen we nog wat water krijgen, alstublieft?
Kunnen we nog wat WAA-ter krij-GEN, ALSTUBLIEFT?

Can we pay separately?
Kunnen we apart betalen?
Kunnen weh ah-PAHRT BEH-tah-len?

BUYING TRAVEL TICKETS

**Insert the destination where applicable*

Hi, I'd like to buy a ticket to [destination], please.
Hallo, ik wil graag een kaartje kopen naar [ ], alstublieft.
HAL-loh, ik wil grahg uhn KAHR-tyuh KOH-puhn naar [ ], AHL-stuh-bleeft

How much is a one-way ticket to [destination]?
Hoeveel kost een enkele reis naar [ ]?
Hoo-VEHL kost ayn en-KUH-luh RAYS naar [ ]?

Do you have any discounts for students/seniors/military?
Heeft u kortingen voor studenten/senioren/militairen?
HAYFT uu KORTIN-gen voor studenten/senioren/militairen?"

Can I buy a round-trip ticket to [destination]?
Kan ik een retourticket naar [ ] kopen?
KAHN ik ayn ruh-tor-TIKET naar [ ] koh-PEN?"

Are there any direct flights to [destination]?
Zijn er rechtstreekse vluchten naar [ ]?
ZANuhr RAYKHT-streyk-suh VLUCG-ten naar [ ]?

Can I reserve a seat on this flight/train?
Kan ik een stoel reserveren op deze vlucht/trein?
KAHN ik ayn stool ruh-ZEHR-vehr-un op duh-zuh VLUHGT/treyn?

What's the next available flight/train to [destination]?
Wat is de volgende beschikbare vlucht/trein naar [ ]?
WAH-t is de vol-GUHN-duh buh-SCHIK-bah-ruh vlucht/trein naar [ ]

Is there a layover on this flight?
Is er een tussenstop op deze vlucht?
Is ur ayn TUHSSEN-stohp op dee-zuh VLOOCHT?

Can I choose my seat on this flight?
Kan ik mijn stoel kiezen op deze vlucht?
Kahn ik MAYN stool kee-ZEN op day-zuh VLUCHT?

What's the earliest flight/train to [destination]?
Wat is de vroegste vlucht/trein naar [ ]?
Wat is duh FROOG-stuh VLUCHT/trein naar [ ]?

Can I change my flight/train schedule?
Kan ik mijn vlucht-/treinschema wijzigen?
KAHN ik mijn vluhgt-/trayn-SKEH-mah vy-ZIGH-guhn?

What's the latest flight/train to [destination]?
Wat is de laatste vlucht/trein naar [ ]?
Wat is de LAAT-stuh vlucht/trein NAAR[bestem-ming]

How long is the flight/train to [destination]?
Hoe lang duurt de vlucht/trein naar [ ]?
Wat is de laat-STUH vlucht/trein NAAR[bestem-ming]

Is there a refund policy if I can't make my flight/train?
Is er een restitutiebeleid als ik mijn vlucht/trein niet kan halen?
YAH, er is AYBruh-stee-too-tuh-buh-LAYD als ik MIJNvloocht/treyn niet kan HAH-len

Do I need to show ID to purchase a ticket?
Moet ik mij legitimeren om een ticket te kopen?
MOOTik may luh-GIT-tuh-muh-run ohm ayn TICK-et tuh koh-PUN?

Can I get a receipt for my ticket?
Kan ik een ontvangstbewijs krijgen voor mijn ticket?
Kahn ik ayn on-TFANGST-beh-weys kray-GHEN voor mayn tik-KET?

Is there an extra fee for baggage?
Is er een toeslag voor bagage?
Is ur ayn TOOS-lahkh vor buh-GAH-juh?

Can I check in online?
Kan ik online inchecken?
Kan ik on-LAIN in-CHEK-ken?

Can I choose my seat when checking in?
Kan ik mijn stoel kiezen bij het inchecken?
Kahn ik mijn STOLE kee-ZEN bay het in-CHEK-ken?

How early should I arrive for my flight/train?
Hoe vroeg moet ik aanwezig zijn voor mijn vlucht/trein?
Hoo VROGHmoot ik ahn-WEH-zig zijn voor MIJN VLUHGT/trein?

Can I bring a pet on the flight/train?
Mag ik een huisdier meenemen in de vlucht/trein?
Mahg iek ayn HOYSS-deer mey-nuh-MUHN in duh VLUHGT/treyn?

Is there a special section for families with children?
Is er een speciaal gedeelte voor gezinnen met kinderen?
Is uhr ayn SPEY-shuhl guh-DAYL-tuh voor guh-ZIN-nun met KIN-duh-ruhn?

Is there a vegetarian option for meals on the flight/train?
Is er een vegetarische optie voor maaltijden op de vlucht/trein?
Is uhr ayn vey-guh-TAYR-ish OHP-shee voor MAHL-tay-duhn op duh VLUHGT/treyn?

Can I request a special meal?
Kan ik een speciale maaltijd aanvragen?
Kahn ik ayn SPEH-see-luh MAHL-tayd ahn-VRAH-ghen?

What is the maximum weight for baggage?
Wat is het maximale gewicht voor bagage?
Wat is het MAH-ksi-mah-luh GHAY-wicht vor buh-GAH-juh?

Can I upgrade my seat/class?
Kan ik mijn stoel/klasse upgraden?
Kahn ik mijn STOHL/klah-SUH up-grah-DUHN?

Is there Wi-Fi on the flight/train?
Kan ik mijn stoel/klasse upgraden?
Kahn ik MIJN stool/klah-SUH up-graa-DUN?

Can I buy a ticket to [destination]?
Kan ik een kaartje kopen naar [ ]?
KAHN ik een KAHRT-Juh KOH-pen naar [ ]?

How much is a ticket to [destination]?
Hoeveel kost een kaartje naar [ ]?
Hoo-VUHL kost een KAHRT-juh naar [ ]?

When is the next bus to [destination]?
Wanneer gaat de volgende bus naar [ ]?
WAHN-neer gaat de volgende bus naar [ ]?

Where is the bus stop/platform for the bus to [destination]?
Waar is de bushalte voor/platfohrm de bus naar [ ]?
Waar is DEH bus-hal-TEH voor/PLAT-fohrm de bus naar [ ]?

How much does a ticket to [destination] cost?
Hoeveel kost een ticket naar [ ]?
Hoo-VUHL kost een ticket naar [ ]?

What time is the next train to [destination]?
Hoe laat gaat de volgende trein naar [ ]?
HOO laat gaat de VOLG-ende trein naar [ ]?

How much does it cost to go to [destination]?
Hoeveel kost het om naar [ ] te gaan?
Hoo-VUHL kost het om naar [ ] TEH GAAN?"

How long will it take to get to [destination]?
Hoelang duurt het om naar [ ] te gaan?
Hoe-LANG duurt het OM naar [ ] TEH GAAN?

Can you give me a receipt, please?
Kunt u mij alstublieft een bon geven?
Kunt u mij ALSTUBLIEFT een bon GEH-ven?

EMERGENCY SITUATIONS

I need help.
Ik heb hulp nodig.
Ik HEB hulp NO-dig.

I need immediate assistance.
Ik heb onmiddellijk hulp nodig.
Ik hehb on-MID-duh-lijk hulp NOH-dig

Someone call an ambulance!
Laat iemand een ambulance bellen!
Laht ee-MAHNT ayn ahm-byoo-LAHN-suh BEHL-len!

This is an emergency!
Dit is een noodgeval!
Dit is ayn noh-duh-GHVAHl

Please help me!
Help me alstublieft!
Help me ALST-oeblieft

I'm in trouble!
Ik zit in de problemen!
Ik zit in duh PROH-bleh-mun

I'm in danger!
Ik ben in gevaar!
Ik ben in GUH-vaar

I'm hurt!
Ik ben gewond!
Ik ben guh-WOND

I'm injured!
Ik ben gewond!
Ik ben guh-WOND

I'm bleeding!
Ik bloed!
Ik BLOED!

I can't breathe!
Ik kan niet ademen!
Ik kahn NEET ah-duh-MEN

Please call for help!
Bel voor hulp!
Bel voor HULP!

Somebody please help me!
Iemand help me alsjeblieft!
EE-mahnt HULP-meh ahl-SJUH-bleeft

I'm having a heart attack!
Ik krijg een hartaanval!
Ik KRAYG ayn hahrt-AAB-vahl

I'm having a stroke!
Ik heb een beroerte!
Ik heb ayn BUH-rohr-TUH

I'm having an allergic reaction!
Ik krijg een allergische reactie!
Ik KRAYGH een ah-lur-GHEE-suh ruh-AK-tee

I'm having a seizure!
Ik heb een aanval!
Ik HED ayn AHN-vahl

I'm choking!
Ik stik!
Ik STIK!

I'm drowning!
Ik verdrink!
Ik vur-DRINGH

My house is on fire!
Mijn huis staat in brand!
Mayn hous STAHT in BRAN-hnt?

My car crashed!
Mijn auto crashte!
Meyn OW-toh krah-SHTUH

My child is missing!
Mijn kind is vermist!
Mayn KHINT is vuhr-MIST

My loved one is in danger!
Mijn geliefde is in gevaar!
Meyn guh-lee-FDUH is in guh-vahr

I need medical attention!
Ik heb medische hulp nodig!
Ik HEHB muh-die-SUH hulp noh-DID

I'm trapped!
Ik zit vast!
Ik zit VAHST

I'm lost!
Ik ben verdwaald!
Ik ben vuhrd-WAHLD

I'm stranded!
Ik ben gestrand!
Ik ben ghuh-STAHND

My pet needs urgent medical care!
Mijn huisdier heeft dringend medische zorg nodig!
Meyn hou-SDEE-er heft DRING-uhnd mey-die-she ZORG noh-DIKH?

Call the police!
Bel de politie!
Bel de POH-LIE-sie!

Call an ambulance!
Bel een ambulance!
Bel een AHM-bu-LAHN-SUH

Call the fire department!
Bel de brandweer!
Bel deh BRANT-vehr!

Where is the nearest hospital/police station/fire station?
Waar is het dichtstbijzijnde
ziekenhuis/politiebureau/brandweerkazerne?
Waar is het DICHTST-bij-zijnde
ziek-en-HUIS/POH-LIE-sie-bu-REAU/brant-VEHR-ka-ZER-NE?

TECH SUPPORT

I am having problems with my computer.
Ik heb problemen met mijn computer.
Ik hehb PROH-bleh-muhn met MAYN kom-PYOO-ter

My internet connection is slow.
Mijn internetverbinding is traag.
Meyn in-TUHRR-net-ver-bin-ding is TRAHGH

I forgot my password.
Ik ben mijn wachtwoord vergeten.
Ik ben main VAHGT-voort vur-GHETEN

The website is not loading.
De website laadt niet.
Duh AUHB-sait LAAHT neet?

My email account is not working.
Mijn e-mailaccount werkt niet.
Mijn e-MAIL-account WERKT niet

The printer is not printing.
De printer drukt niet af.
Duh PRINT-huhr druhkt neet AHF

My computer crashed.
Mijn computer is gecrashed.
Main KOHM-pyoo-tur is guh-KRAH-SHT.

The software is not working.
De software werkt niet.
Duh soff-TWAH-ruh WUHRT niet

I am receiving error messages.
Ik krijg foutmeldingen.
Ick kraygh FOWT-mel-DING-un

The computer is frozen.
De computer is bevroren.
Duh KOHM-pyoo-TUHR is buh-VROH-ren

My keyboard is not working.
Mijn toetsenbord werkt niet.
Mayn toh-tsun-BOHRT veh-RKH neet

I cannot access my files.
Ik heb geen toegang tot mijn bestanden.
Ik HUN-buh geen toe-GANG tot mijn bes-tan-DEN

The computer is making strange noises.
De computer maakt rare geluiden.
DE kuhm-PYOO-tuhr maa-KUT raa-re guh-lou-DEN

I need to update my software.
Ik moet mijn software updaten.
Ik MOET mijn software up-daa-TEN

My computer is infected with a virus.
Mijn computer is geïnfecteerd met een virus.
Mayn kuhm-PYOO-tuhr ish ge-EEEN-fek-TEERD met un VUY-rus

The mouse is not working.
De muis werkt niet.
De MUIS werkt NIET.

I accidentally deleted important files.
Ik heb per ongeluk belangrijke bestanden verwijderd.
Ik be-GRIJIP dat u per on-GELUK be-LANG-rij-ke bes-tan-DEN ver-wij-DERD heeft

I need help setting up my new device.
Ik heb hulp nodig bij het instellen van mijn nieuwe apparaat.
Ik hep hulp noh-DIG by het in-STEL-len van mayn NYEU-we ap-pa-RAAT

The screen is black.
Het scherm is zwart.
Het SCHERM is ZWART

I accidentally spilled water on my laptop.
Ik heb per ongeluk water op mijn laptop gemorst.
Ik HEB per ONgeluk WA-ter op mijn LAP-top ge-MORST

The battery is not charging.
De batterij laadt niet op.
De BAT-te-rij LAADT niet OP

My computer is overheating.
Mijn computer raakt oververhit.
Meyn KUHM-pyoo-ter RAKT oh-ver-VER-hiet

The sound is not working.
Het geluid werkt niet.
Heht KHEL-lowt VAIRKT niiht

I accidentally uninstalled an important program.
Ik heb per ongeluk een belangrijk programma verwijderd.
Ick HEB per on-GUH-LUK un BUHN-GRYK proh-GRAH-ma vuh-RIE-MUH-d

The internet is not connecting.
Het internet maakt geen verbinding.
het INTUHNET maakt KHEEN vuh-binding

I need to recover deleted files.
Ik moet verwijderde bestanden herstellen.
Ik MOOT fuh-RVAY-dur-duh BESS-tan-DUH HUH-rstel-LUN

My printer is not printing.
Mijn printer drukt niet af.
Meyn printer DRUKT NIET af

I can't access my email.
Ik heb geen toegang tot mijn e-mail
Ik HEHB geen TOE-GANG tot MIJN ee-mayl.

I forgot my password.
Ik ben mijn wachtwoord vergeten.
Ik ben MAI-N vaaht-WAWRT vur-GHUH-ten

The CD/DVD drive is not working.
Het cd/dvd-station werkt niet.
Het SEE-DEE/dee-vee-dee-STAH-TION VEHRKY neet

I'm having trouble with my [device or software].
Ik heb problemen met mijn [ ].
Ik heb PROH-ble-MEN met MIJN [ ].

Can you help me troubleshoot the issue?
Kunt u mij helpen om het probleem op te lossen?
Kunt u mij HEL-pen om het PROH-BLEEM op te los-SEN?

What should I do if my [device or software] isn't working properly? -
Wat moet ik doen als mijn [ ] niet goed werkt?
WAT moet ik DOEN als mijn [ ] niet GOED WERKT?

I'm getting an error message. What does it mean?
Ik krijg een foutmelding. Wat betekent dit?
Ik krijg een FOUT-mel-DING. Wat BE-te-KENT dit?

How do I update my [device or software]?
Hoe kan ik mijn [ ] bijwerken?
Hoe kan ik mijn [ ] bij-WER-KEN?

Can you walk me through the steps to fix the problem?
Kunt u mij stap voor stap begeleiden om het probleem op te lossen?
Kunt UU MEE stap voor stap BUH-GLEI-den om hut PRO-bleem op te LOSS-en?

Do I need to bring my [device or software] in for repair?
Moet ik mijn [ ] ter reparatie aanbieden?
Moo-GUHN ey myn [ ] ter ruh-PAH-rah-tie ahn-BEE-DEN?

How long will the repair take?
Hoelang duurt de reparatie?
Hoe-LANG duurt de re-PA-RA-TIE?

Is it possible to recover lost data from my [device or software]?
Is het mogelijk om verloren gegevens van mijn [ ] te herstellen?
Is het mo-GELIJK om ver-LOREN ge-ge-VENS van mijn [ ] te her-STEL-len?

SMALL TALK

Hello, how are you?
Hallo, hoe gaat het met je?
Hah-loh, hoo GAT ut met YAY?

How's it going?
Hoe gaat het?
Hoo GAT het

What have you been up to lately?
Wat heb je de laatste tijd gedaan?
Vat HEP ye de LAHSTUH tahyd GEDAAN?

How was your weekend?
Hoe was je weekend?
HOO vahs yuh WEE-KENT?

Did you catch the game last night?
Heb je de wedstrijd gisteravond gezien?
Heb YUH duh WED-STRIJD yis-TUH-RUK gezien?

What do you like to do in your free time?
Wat doe je graag in je vrije tijd?
Wat doe je DAAR in je VRIJ-UIT-tijd?

How's work/school going?
Hoe gaat het op werk/school?
Hoo GAT het op WERK/school

Do you have any plans for the weekend?
Heb je nog plannen voor het weekend?
Heb yuh nog PLAN-NUN voor ut weekend

What's new with you?
Wat is er nieuw bij jou?
Wat is er NIEUW bij JOU?

How's the family doing?
Hoe is het met de familie?
HOE is het met de FA-mi-lie?

What kind of music do you like?
Van welke muziek hou je?
Vahn WEL-KUH myoo-ziek HOW yuh?

Have you tried any new restaurants lately?
Heb je de laatste tijd nieuwe restaurants geprobeerd?
Heb ye de LAATSTE tyd NYE-uh REST-OH-rawnt-uhz GE-PROBEERD?

What's your favorite hobby?
Wat is jouw favoriete hobby?
Wat is JOUW fa-vo-RIE-te HOBBY?

Are you originally from around here?
Kom je oorspronkelijk uit de buurt?
Kom je OOR-spron-ke-lijk uit de BUURT?

What do you think about the weather today?
Wat vind je van het weer vandaag?
Wat VINT YE van het WEER vandaag?

Do you like to travel?
Vind je het leuk om te reizen?
Vint YE HET loyk OM tuh RAY-IZ-un?

Where have you been?
Waar ben je geweest?
WAHR ben yuh KHUH HEH-wes?

Do you like to read?
Hou je van lezen?
Hou VAN lay-ZEN?

What's your favorite book?
Wat is je favoriete boek?
Vat is yuh FAH-VOH-rih-tuh BOOK?

What do you do for exercise?
Wat doe jij om te sporten?
Wut DOO yay OHM TUH spohr-tun?

Do you have any siblings?
Heb je broers of zussen?
Heb ye BROERS of ZUSEN?

Do you like to cook?
Vind jij het leuk om te koken?
Vint YAI het LAYK om te KOH-KUHN?

What's your favorite kind of food?
Wat is je favoriete soort eten?
Wat is yuh FAH-VOH-ree-teh SOHRT ey-ten?

Do you have favorite places to visit?
Heb je favoriete plekken om te bezoeken?
Heb je fa-vo-RIE-te PLEK-ken om te be-ZOE-ken?

What's your favorite season?
Wat is je favoriete seizoen?
Vat iss yuh FAH-VOH-ree-tey SAY-ZOHN?

What's your favorite holiday?
Wat is jouw favoriete feestdag?
Waht is YOW FAH-VOH-ree-tuh FEYST-dahgh?

How was your weekend?
Hoe was je weekend?
Hoe-was-je-week-END?

What kind of music do you like?
Van welke muziek hou je?
Van welke myoo-ziek hauw je?

Do you have any travel plans coming up?
Heb je nog reisplannen op komst?
Heb je NOG RIJSPLANNEN op komst?

Have you tried any good restaurants in the area?
Heb je goede restaurants in de buurt geprobeerd?
Heb ye goe-DE RES-to-ron-ts in de buurt ge-pro-beerd?

What are your favorite hobbies or activities to do in your free time?
Wat zijn je favoriete hobby's of activiteiten om te doen in je vrije tijd?
wat zijn juh FAH-vo-RIETE ho-BIE'S of AHK-tie-vei-TEI-ten om tuh doen in JUH VRIJE tijd?

What's the best thing that's happened to you recently?
Wat is het beste dat je onlangs is overkomen?
Wat is het BE-ste dat je ON-langS is OVER-ko-men?

Do you have any favorite Dutch traditions or festivals?
Heb je favoriete Nederlandse tradities of festivals?
heb ye FAH-vo-ree-te NAY-der-LAHN-se tra-die-TSEEZ ohv fes-ti-VAHLZ?

What do you like about living/working in the Netherlands?
Heb je favoriete Nederlandse tradities of festivals?
ye FA-vo-ree-te Nederlandse tra-DIE-SIES of fes-ti-VALS?

Are you reading any good books or watching any good TV shows at the moment?
Lees je op dit moment goede boeken of kijk je naar goede tv-programma's?
Lees jij op dit moment GOEDE boeken of KIJK jij naar GOEDE TV-programma's?

What are your hobbies or interests?
Wat zijn jouw hobby's of interesses?
Wah-t zayn yow ho-BEES of in-teh-RES-SUS?

Do you have any pets?
Heb je huisdieren?
Heb ye HOUWS-deere?

What's your favorite Dutch food?
Wat is jouw favoriete Nederlandse gerecht?
Wah-t is jouw FA-vo-ree-te Nederlandse GERECHT?

Do you have any plans for the upcoming holidays?
Heb je plannen voor de aankomende vakantie?
Heb je PLA-nnen voor de AANKO-mende VAK-antie?

Nice weather today, isn't it?
Mooi weer vandaag, nietwaar?
MOOI WEER van-DAAG, niet-WAAR?

ON A DATE

Hi, it's great to finally meet you!
Hallo, leuk je eindelijk te ontmoeten!
Hah-LOH, læk YE ayn-dah-LIK TUH ont-MOOT-un

How's your day been so far?
Hoe is je dag tot nu toe geweest?
Hoo is yuh DAHG tot nuh TOO-UH ghuh-WEHST?

Would you like a drink?
Wil je wat drinken?
Wil je wat DRIN-ken?

What do you do for fun?
Wat doe je voor de lol?
wat DOO yuh VOOR duh loul?

Tell me about yourself.
Vertel over jezelf.
VUR-TEL oh-ver YUH-zelf

What kind of music do you like?
Van welke muziek hou je?
Vahn WEL-KUH myoo-zik HOW yuh?

What do you like to do in your free time?
Wat doe je graag in je vrije tijd?
Wat doh yuh KRAAHG in yuh VRAY-TUH tayd?

This place is really nice, don't you think?
Deze plek is echt mooi, vind je niet?
Duh-zuh PLEK is EGHT moh-ee, VINT yuh nayt?

So, how did you get into your line of work?
Dus, hoe ben je in je werk terechtgekomen?
Dus, hoo BEN ye in ye WERK tuh-rehgt-GEKOH-men?

What's your favorite movie?
Wat is je favoriete film?
Wat is yuh FAH-VOH-reetuh film?

Can I get your opinion on something?
Mag ik ergens je mening over?
Mahg ik ERR-GUNS yuh MAY-NING oh-vuhr?

So, what brings you here tonight?
Wat bracht je hier vanavond?
Wut BRAHGT yuh heer VAH-NUH-vont?

What do you like to do for fun?
Wat doe je graag voor de lol?
Wah-t du juh GRA-x VO:r de lol?

It's really nice to meet you.
Leuk je te ontmoeten.
LOYK ye tuh ONT-muh-TEN.

You look great tonight.
Je ziet er goed uit vanavond.
YUH ZEET er KH-ood oewt VAHN-uh-vond.

This restaurant/bar/coffee shop is really nice.
Dit restaurant/bar/koffieshop is echt heel leuk.
Dit REST-aw-rant/BAA-r/KOFFIE-shop is eckt HALE leuk.

Have you traveled to any interesting places lately?
Ben je de laatste tijd naar interessante plaatsen gereisd?
Buhn yuh duh LAH-stuh tyd naar in-TUH-RES-suhn-tuh PLAHS-suhn guh-REYZD?

What's your favorite Dutch food or restaurant?
Wat is je favoriete Nederlandse eten of restaurant?
Wat is jouw fah-voh-riete NAY-der-lahn-seh AY-ten of reh-STOH-rahn?"

What do you think about [topic of conversation]?
Wat vind je van [gespreksonderwerp]?
Wah-t VINT YUH van [GE-sprek-son-der-werp]?

What's the best date you've ever been on?
Wat is de beste date waar je ooit op bent geweest?
WUT is deh BESTUH date waa-ROH joe OOH-tuh bent geweest?

What kind of movies or TV shows do you enjoy watching?
Naar wat voor soort films of tv-programma's kijk je graag?
Naar WAH-t voor SOORTS films of TV-programma's kijk je GRAAG?

What do you like about living in the Netherlands?
Wat vind je leuk aan het leven in Nederland?
Wah-t vint ye LUYK aan hut LAY-ven in NAY-der-lahn-seh?

What are your career goals or aspirations?
Wat zijn uw carrièredoelen of ambities?
Wah-t zain uw KAH-ree-er-RUH-DOOH-lun ohf am-BEE-SHUNS?

Do you have any hobbies or interests?
Heb je hobby's of interesses?
Hep ye hobbie's of INTE-resse's?

What are your favorite things to do in your free time?
Wat zijn je favoriete dingen om te doen in je vrije tijd?
Wah-t zain yeh FA-voh-rie-teh DING-uh om TUH doen in yeh VRYUH TAINT?

I'd love to see you again.
Ik zou je graag weer zien.
Ik zou YE GRA-hg weer ZIEN.

SHOPPING FOR CLOTHES

Do you have this item in a different color?
Heeft u dit item in een andere kleur?
HEFT u dit I-tem in een AN-de-re KLEUR?

How much is this?
Hoeveel kost het?
HOO-veyl KOST het?

Is there a sale going on right now?
Is er momenteel een promotie gaande?
Is uhr moh-MUHN-TEYL ayn proh-MOH-see YAHN-duh?

Do you offer any discounts or promotions?
Biedt u kortingen of promoties aan?
Beedt uu KORTINGENL of promoties AHN?

Can I try this on?
Kan ik dit proberen?
Kan ik DIT proh-BEH-ren?

Where are the fitting rooms located?
Waar zijn de paskamers?
Wahr ZIJN duh PAHS-kah-mers?

How does this look on me?
Hoe staat dit mij?
Hoo STAAT dit may?

Can you suggest any accessories to go with this?
Kun je accessoires voorstellen die hierbij passen?
Cun yuh AHK-SEH-soh-ruhz FOHR-STEL-luhn dee HEYR-BAY pahs-suhn?

What is your return policy?
Wat is uw retourbeleid?
WAT is uuw RUH-TOHR-beh-leyd?

Do you have a gift receipt?
Heb je een cadeaubon?
Hep ye AYN kah-DOH-BON?

Is there an ATM nearby?
Is er een geldautomaat in de buurt?
Iss UHR ayn KHELT-OW-toh-maht in DUH BUHRT?

Can I have a receipt, please?
Mag ik een bon alstublieft?
Mahkh ik AYN bon AHL-STUH-bleeft?

How much is the tax on this item?
Hoeveel belasting is er op dit artikel?
Hoo-veyl BUHL-AHX-tinkh iss uhr op dit AHR-TIK-uhl?

Is there a shipping fee for online orders?
Zijn er verzendkosten voor online bestellingen?
Zain uhr VUHR-ZEND-kos-ten voor ON-LAIN bestel-ling-en?

Can I track my order online?
Kan ik mijn bestelling online volgen?
Kahn ik MIJN buh-STELL-ING on-line VOHL-ghen

Do you ship internationally?
Verzenden jullie internationaal?
Tur-NAH-TSJO-naal?

Can I return the item by mail?
Kan ik het artikel per post retourneren?
Kahn ik HET ahrtiekel PUR post RUH-TOHR-nuh-ren?

Hello, I'm looking for [item of clothing].
Hallo, ik ben op zoek naar [kledingstuk].
HALLO, ik ben op ZOEK naar [kle-dings-tuk]

Do you have it in my size?
Heb je hem in mijn maat?
Heb YUH hem in MIJN maat?

Can you help me find a [specific style/brand] of clothing?
Kun je me helpen een [ ] kleding te vinden?
KUN je me HELPEN een [ ] KLEDING te vinden?

What is your return policy?
Wat is uw retourbeleid?
WAH-t is uw RUH-toor-beh-LAYD?

Can I try this [item of clothing] on, please?
Mag ik dit [kledingstuk] passen alstublieft?
MAHG ick ditt [ ] passun ALSTUB-lieft

How long does it take to process a return or exchange?
Hoe lang duurt het verwerken van een retour of omruiling?
Hou LAHNG durt hut VUR-wer-KEN van uhn re-TOER of om-ry-LING?

Do you offer any alterations or tailoring services?
Biedt u wijzigingen of maatwerk aan?
BIET uu WAIZIGINGEN of MAAH-twurk ahn?

Can I have this [item of clothing] gift wrapped?
Kan ik dit [ ] cadeau laten inpakken?
Kan ik dit KLUH-ding-STUK ka-DOH laa-tun in-PAHK-ken?

What is the shipping cost for this item?
Wat zijn de verzendkosten voor dit artikel?
WAH-t zin deh vur-ZEND-kos-ten voor dit arti-KEL?

Do you offer free shipping for orders over a certain amount?
Bieden jullie gratis verzending aan voor bestellingen boven een bepaald bedrag?
Bieden jullie GRAH-tis VER-zeen-DING ahn voor bestel-LINGEN boh-VEN ehn buh-PAHLD beh-DRAHG?

Can I track my shipment?
Kan ik mijn zending volgen?
KAHN ik mijn ZENDING volgen?

Do you have any recommendations for similar items that I might like?
Hebben jullie nog tips voor vergelijkbare items die ik misschien leuk zou vinden?
Hebben YULLIE nog tips voor VER-gelikbaare items die ik miss-CHIEN luke zou VINDEN?

SIMPLE ANSWERS TO COMMON QUESTIONS

I'm doing well, thanks for asking. How about you?
Het gaat goed met me, bedankt voor het vragen. En jij?
Het gaat GUUT met MUH, bed-ANKT voor hut FRAH-gen. EN YAI?

My name is [name], nice to meet you.
Mijn naam is [ ], leuk je te ontmoeten.
MEYN naam is [ ], LOYK ye te ONT-met-un.

I'm from [country/city], how about you?
Ik kom uit [ ], en jij?
Ik kom UYT [ ], en YOW?

I work as a [occupation], what about you?
Ik werk als een [ ], hoe zit het met jou?
Ik WERK als een [ ], hoe zit UT met YOW?

I enjoy [activity/hobby], how about you?
Ik geniet van [ ], en jij?
Ik GHU-nait FON [ ], en JAU?

Yes, I'm looking for [item/information]. Thank you for asking.
Ja, ik ben op zoek naar [ ]. Dankje wel voor het vragen.
YA, ik ben op ZOEK naar [ ]. DANK-JU-wel voor het VRA-gen

Can I help you with anything?
Kan ik je ergens mee helpen?
KUN ICK ye er-GENS meh HEL-pen?

ASKING FOR AND GIVING DIRECTIONS

**Insert the location where applicable*

Excuse me, can you tell me how to get to [destination]?
Pardon, kunt u mij vertellen hoe ik naar [ ] kom?
Pardon, kunt uu MIJH vur-TELLUHN hoe ikh naar [ ] KOM?

Could you help me find my way to _____?
Kun je me helpen de weg naar _____ te vinden?
Kun ye muh HEL-pen duh WEKH naar _____ tuh VIN-den?

Do you know how I can get to _____?
Weet jij hoe ik naar _____ kan komen?
WEET yey how ik NAAR_____ kan koh-MUN?

Which way is _____?
Welke kant is _____?
Wel-KUH kant is _____?

Can you give me directions to _____?
Kunt u mij een routebeschrijving geven naar _____?
KUHNT uu may AYN roo-teh-bes-KHRY-ving GHUN-ven naar _____?

I'm lost.
Ik ben verdwaald.
Ik ben vur-DWAHLD

Can you tell me how to get to _____?
Kun je me vertellen hoe ik naar _____ kan komen
Kun yuh muh VUHRTELLUN hoe ik NAAR _____ kan koh-MUN?

I'm trying to find _____,
Ik probeer _____ te vinden
Ik PROH-beer _____ tuh VINDEN

Can you point me in the right direction?
Kun je me in de goede richting wijzen?
Kun yuh muh in duh goh-duh rihch-ting wy-zen?

Can you tell me how far _____ is from here?
Kun je me vertellen hoe ver _____ hier vandaan is?
Cun yuh MUH vur-tell-un HOO vur HIER vahn-DAAN is?

Is it far from here to _____?
Is het ver van hier naar _____?
Iss het FER vahn heer NAAHR_____?

Go straight ahead.
Ga rechtdoor.
Gah REHGT-door

Turn left/right at the next corner.
Sla linksaf/rechtsaf bij de volgende hoek.
Slah link-SAHF bay duh vol-GUHN-duh HOOK

Cross the street.
De straat oversteken.
Duh STRAAT oh-ver-STAY-ken

Go past the _____ on your left/right.
Passeer _____ links/rechts.
Pah-SEER _____ links/RAIH-ts?

It's on your left/right.
Het is links/rechts van je.
HUT is links van YUH

I'm a bit lost, could you please help me find my way to [destination]?
Ik ben een beetje verdwaald, kun je me alsjeblieft helpen de weg naar [ ] te vinden?
Ik ben een BEETJE ver-DWAALD, kun ye me als-YEH-BLIEFT hel-pen de weg naar [ ] te VIN-den?

Do you know where [street/landmark] is located?
Weet jij waar [ ] zich bevindt?
WAAT YAYT yey WHAAR [ ] ZIGH BUH-vint?

Can you give me directions to [destination]?
Kunt u mij een routebeschrijving geven naar [ ]?
KUNT u mij een ROETE-BESCHRIJVING geh-VEN naar [ ]?

Turn left/right on [Street], then continue straight until you reach [Landmark].
Sla links/rechts af op [ ] en ga dan rechtdoor totdat u [ ] bereikt.
Sla links/RECHTSAF op [ ] en ga dan RECHT-door totdat u [ ] BEREIKT

COMMON BUSINESS STATEMENTS AND QUESTIONS

What is the purpose of this meeting?
Wat is het doel van deze bijeenkomst?
WUT is het DOHL vahn DAY-zuh bay-een-KOHMST?

Can you give me an update on the progress?
Kun je me een update geven over de voortgang?
Kun ye MUH ayn UHP-deyt ghay-vun oh-vur duh VOHRT-hahng?

How can we improve our sales?
Hoe kunnen we onze verkoop verbeteren?
Hoo KUHN-nun vuh onze vur-KOOP vur-BUH-ter-en?

What are our strengths and weaknesses?
Wat zijn onze sterke en zwakke punten?
Wut zyn ow-NUH ster-kuh en ZWAAK-kuh pun-TUHN?

Can you explain the process?
Kun je het proces uitleggen?
Kun yuh het PROH-sehs auw-TLAY-ghen?

What is the timeline for this project?
Wat is de tijdlijn voor dit project?
Wat is duh TAYD-layn fohr dit PROJ-ekt?

What are the deliverables for this project?
Wat zijn de deliverables voor dit project?
Waht ZAIN duh DIH-luh-vuh-ruh-BUHLZ voor dit PROJ-ekt?

How can we streamline the process?
Hoe kunnen we het proces stroomlijnen?
Hoo KUHN-nun vuh het PROH-ses STROHM-ly-nun?

Can you provide more information?
Kunt u meer informatie verstrekken?
Kunt u MEER informatie VUHRR-strehk-UHN?

What is the target audience?
Wat is de doelgroep?
WAHHTY is duh dool-GROOP?

How can we cut costs?
Hoe kunnen we kosten besparen?
Hoo kunnun we koh-stun buh-sparun?

What are the risks involved?
Wat zijn de risico's?
VAHT zyn duh RIH-zee-KOHS?

What are the project milestones?
Wat zijn de mijlpalen van het project?
Waht zyn duh MAYL-pah-LUHN van het pro-jekt?

What is the target completion date?
Wat is de beoogde voltooiingsdatum?
Wut is duh BUH-oh-gh-DUH vol-toi-YINGS-dah-TUM?

Thank you for your email.
Bedankt voor je email.
Buh-DANKT foohr yuh ee-MAAYl

I'm writing to follow up on our previous conversation.
Ik schrijf naar aanleiding van ons vorige gesprek.
Ik SCHRIJF naar AANLEID-ing van ons VOH-rige GUH-sprek.

We appreciate your interest in our company.
Wij waarderen uw interesse in ons bedrijf.
WAI WAAR-de-ren uw in-te-RES-se in ons BED-rijf.

Our team is currently working on [project/task].
Ons team werkt momenteel aan [ ].
Ons team WERRUKT MOMUHN-teel ahn [ ].

We'd like to schedule a meeting to discuss [topic].
We willen graag een afspraak plannen om [ ] te bespreken.
Wee VIL-un GRAH-k uh een afspraak PLAH-nun om [ ] tuh BUH-spruh-KHUN

Can you provide more details on [topic]?
Kunt u meer details geven over [ ]?
KUNT OE meer deteils GEBEN OUVER [ ]?

What's the timeline for this project/task?
Wat is de tijdlijn voor dit project/deze taak?
WAH-t is de TIJDLIJN foar dit pro-JEKT/deze taak?

Do you have any questions or concerns about the proposal?
Heeft u vragen of opmerkingen over het voorstel?
HAYFT uu VRAUG-hen of op-MAAR-kihngen oh-VER hut FOHRSTEL?

What's your budget for this project/task?
Wat is uw budget voor dit project/deze taak?
Wat is uw bud-ZJET voor dit pro-JEKT/deze TAAK?

When is the best time for us to schedule a meeting?
Wanneer kunnen we het beste een afspraak inplannen?
Wanneer KUH-nen vuh het BES-tuh een uhf-SPRAAK in-PLUH-nen?

STAYING AT A HOTEL

What time is check-in/check-out?
Hoe laat is het in- en uitchecken?
Hoo LAHT iss het in en owt-CHEK-uhn?

Is there a restaurant on-site?
Hoe laat is het in- en uitchecken?
Hoo LAHTis het in en owt-CHEK-ken?

Is breakfast included in my room rate?
Is het ontbijt bij mijn tarief inbegrepen?
Iss het ont-BEYT bay mijn tah-rif in-BEH-gre-pen?

Is there a shuttle service to the airport/train station?
Is er een fitnessruimte of fitnessruimte beschikbaar?
Iss ur AYN fitness-RUSS-muh-tuh of fitness-RUSS-muh-tuh buh-SCHIK-baar?

Can I get a late check-out?
Kan ik laat uitchecken?
kahn ik LAHT out-CHEK-uhn?

Do you offer room service?
Biedt u roomservice aan?
BEEDT uu ROHM-ser-vees aa-n?

Is there a pool?
Heb je een zwembad?
Heb yuh ayn ZVEM-baht?

Is there a laundry service available?
Is er een wasservice beschikbaar?
Iss UHR ayn vah-sir-vuh buh-SCHIK-bahr?

Is there a safe in the room?
Is er een kluis in de kamer?
Iss UHR ayn KLOYS in duh kah-MER?

Can you recommend a good local restaurant?
Kun je een goed lokaal restaurant aanbevelen?
Kun yuh ayn GOHT low-kaal RES-tau-raunt ahn-BUH-veh-len?

Is there a mini-bar in the room?
Is er een koelkast in de kamer?
ISS AYN kool-KAHST in duh kah-MER?

Do you have any rooms available for [dates]?
Heeft u kamers beschikbaar voor [ ]?
HEFT uu KAA-mers be-SCHIK-baar VOOR [ ]?

Is breakfast included in the room rate?
Is het ontbijt bij de kamerprijs inbegrepen?
Iss Het ONT-bijt by de KAMET-rprijs in-BEGREPE?

can you provide me with a map of the area?
Kunt u mij een kaart van het gebied geven?
Kunt oe MAE een kaart van ut ge-bee-URT GAE-ven?

What time is checkout?
Hoe laat is het uitchecken?
Hoo LAHT is hut UYT-CHEK-uh-n?

Can I have some extra towels/toiletries?
Mag ik wat extra handdoeken/toiletartikelen?
MAHG iek WAH-t EXSTRA hantdouwken/toiletaartiekeluhn?

Is there a restaurant or café on-site?
Is er een restaurant of café op het terrein?
Izz ur un rësto-rant of kafé op ut tur-ijn?

Do you offer any tours or activities in the area?
Biedt u rondleidingen of activiteiten in de omgeving aan?
Beet u RONT-lay-DING-un of AKTEE-vi-tay-ten in de OM-GE-ving AAN?

Can I get a discount if I book for a longer period of time?
Kan ik korting krijgen als ik voor een langere periode boek?
KUN ick KORT-ink KRI-jgen als ick voor un LAN-gere periode BOEK?

WEATHER

What's the weather like today?
Hoe is het weer vandaag?
Hoo ESS hut weer VAN-dag?

Is it supposed to rain/snow later?
Gaat het later regenen/sneeuwen?
Gaat het LAA-ter RUH-ge-NEN/SNEEU-wen?

What's the temperature right now?
Wat is de temperatuur nu?
Wat is de tem-PUHRUUR nu?

Is it hot outside?
Is het warm buiten?
Iss HET wahrmm BUY-ten?

Is it cold outside?
Het is koud buiten?
HUT is kowt BUY-ten

What's the temperature?
Wat is de temperatuur?
Waht is duh tem-PRAH-too-RUHR?

Will it be sunny tomorrow?
Wordt het morgen zonnig?
ORT het mor-GHEN zon-NIG?

Is there a chance of thunderstorms?
Is er kans op onweer?
is uhr KHAHNS op ohn-WEHR?

Is it going to snow?
Gaat het sneeuwen?
GAHHT het SNEH-uu-wen?

What's the forecast for tomorrow?
Wat is de voorspelling voor morgen?
WAH-tt is duh for-SPUH-ling voor MOHR-ghen?

Is it windy outside?
Windt het buiten?
WINT het BUI-ten?

What's the humidity like?
Hoe is de luchtvochtigheid?
Hoo is duh LUHGT-vohkht-ig-HYT?

Is it foggy outside?
Is het mistig buiten?
Is het mih-STIG BUY-ten?

Will it be clear tonight?
Wordt het vanavond duidelijk?
WOHRT het vah-nah-VOND dui-D'LIJK?

Is it going to be humid?
Wordt het vochtig?
WORT het FOH-tig?

What's the chance of precipitation?
Hoe groot is de kans op neerslag?
Hoo GROHT is duh KHAHNS op nayr-SLAHGH?

How hot does it get here in the summer?
Hoe is de warmte hier in de zomer?
Hoo is duh VAHRM-tuh heer in de zoh-MUR?

How cold does it get here in the winter?
Hoe koud is het hier in de winter?
Hoo KWOD is het heer in de WINTER?

Is there a hurricane coming?
Komt er een orkaan?
Komt UHR ayn or-KAHN?

What's the UV index?
Wat is de UV-index?
WAT is dee UV-indeks?

Are there any weather warnings?
Zijn er weerwaarschuwingen?
Zijn er WEER-waar-SCHUWING-en?

Have areas been affected by flooding?
Zijn er gebieden getroffen door overstromingen?
ZAYH er ghe-bee-DEN GHETROFF-en door over-STROO-ming-en?

Is it safe to travel in this weather?
Is het veilig om te reizen met dit weer?
Iss hut vay-LIG ohm TUH r-eye-ZEN met dit WEER?

Will the weather affect my flight?
Heeft het weer invloed op mijn vlucht?
HAYFT hut way-UR ihn-VLOOT oop myn VLUCHT?

Do you know what the forecast is for tomorrow?
Weet jij wat de voorspelling is voor morgen?
WEET yai wat de voor-SPUH-LING iss voor mor-GEN?

Are there any weather warnings or alerts in effect?
Zijn er weerwaarschuwingen of waarschuwingen van kracht?
ZAIN er weer-waar-SCHOEWINGHEN of waar-SCHOEWINGHEN van KRAFT?

It's a beautiful day outside.
Het is een mooie dag buiten.
Het is un MOH-ye DAHK BUY-ten

I love when it rains - it's so relaxing.
Ik hou ervan als het regent - het is zo ontspannend.
Ik hau ER-vaan ALS het re-GHENT - het is zo on-tspan-NEND

AT THE HOSPITAL

Can you please examine me?
Kun je me alsjeblieft onderzoeken?
Kun ye MUH ahl-SJUH-bleeft on-DUR-zuh-KEN?

What tests do I need to undergo?
Welke testen moet ik doen?
VEL-kuh TES-tun mut AYK doen?

Do you need me to fast before any tests?
Moet ik nuchter zijn voor een examen?
MUHT iek noo-ker ZIN voar un eg-za-MUN?

How long will it take to get the test results?
Hoe lang duurt het om de testresultaten te krijgen?
Hoo long DOORT ut om de TEST-resultaten te KRIJ-gen?

What is the diagnosis?
Wat is de diagnose?
Wat is de DIA-gno-se?

What is the cause of my symptoms?
Wat is de oorzaak van mijn klachten?
WUT iss duh ohr-ZAK fon m'n KLAHK-tuhn

Is the condition serious?
Is de aandoening ernstig?
Is duh AHN-doe-ning ern-STIG?

What are my treatment options?
Wat zijn mijn behandelmogelijkheden?
WAT zyn myn beh-ANDELMO-gelijkheden?

What is causing my symptoms?
Wat veroorzaakt mijn symptomen?
WAH-t vuh-ROHR-zahkt mihn SIMP-toh-MUHN?

What tests, if any, do I need to have done?
Welke tests, indien van toepassing, moet ik hebben gedaan?
Wel-ke TESTS, in-dien van TOE-pas-sing, moet ik HEB-ben GE-daan?

How long will it take for the treatment to work?
Hoe lang duurt het voordat de behandeling aanslaat?
HOO LAHNG doort het VOOR-daht duh BEHAN-deling ahn-SLAHT

How long do I need to take the medication or treatment?
Hoe lang moet ik de medicatie of behandeling innemen?
HOE LANG moet ik de ME-di-CA-tie of BE-HAN-de-ling in-NE-men?

Can you explain the benefits and risks of each treatment option?
Kunt u de voordelen en risico's van elke behandelingsoptie uitleggen?
KOONT uu duh voor-DEELEN en risico's van eh-KUH behan-DELINGS-optie UITL-eggen?

What are the side effects of the medications you are prescribing?
Wat zijn de bijwerkingen van de medicijnen die u voorschrijft?
VAT zyn de bay-WER-king-en van de meh-dee-kai-NEN die u voor-SCHRYFT?

Can I continue with my current medications?
Kan ik doorgaan met mijn huidige medicijnen?
Kan ik DOOR-gaan met mijn HUIDI-ge MEDI-cijnen?

Can I stop taking the medication once the symptoms subside?
Kan ik stoppen met het innemen van het geneesmiddel als de symptomen verdwenen zijn?
Kan ik STOP-pen met het in-ne-MEN van het guh-NYS-MIH-del als de SIMP-toh-men vur-DWENEN ZIN

How often should I come for a follow-up appointment?
Hoe vaak moet ik terugkomen voor een vervolgafspraak?
Hoo VAA-k moet ick TERUG-komen voor unn ver-volg-aaf-SPRAAK?

Is there anything I can do to manage my symptoms at home?
Is er iets dat ik thuis kan doen om mijn symptomen te beheersen?
Iss er EETS dat ik thuis kan DOEN om mijn SIMP-toh-men te BEHAYR-sen?

What lifestyle changes do I need to make to improve my health?
Welke veranderingen in levensstijl moet ik aanbrengen om mijn gezondheid te verbeteren?
VEL-ke vuh-ran-DER-in-hen in lay-ven-STAYL moet ick ayn-BREN-gen om mijn HEHLS-hyt te ver-BET-er-en?

Can you recommend any specialists if needed?
Kunt u eventueel specialisten aanbevelen?
KOONT uu EVNUT-yool spesialisten AEN-beve-len?

Can you write me a prescription for this medication?
Kunt u mij dit medicijn voorschrijven?
KOONT oo mai dit MUH-die-sein voor-SCHRAI-ven?

How long should I rest after the procedure?
Hoe lang moet ik rusten na de procedure?
Hoo LAHNG moht ik ruh-STEN na duh PROH-seh-dyur?

What is the best way to manage pain?
Wat is de beste manier om pijn te beheersen?
Waht is duh beh-STUH mah-nair ohm pain tuh buh-HAYR-suhn?

Can I take over-the-counter medications with this prescription?
Mag ik met dit voorschrift vrij verkrijgbare medicijnen gebruiken?
MAHG ik met dit vohr-SCHRIFT vry VERK-ryg-bah-rey meh-die-SJUH-nen guh-BRUY-ken?

Can you tell me more about my diagnosis/treatment options?
Kunt u mij meer vertellen over mijn diagnose/behandelingsmogelijkheden?
Ik WIS-sel MIJN trai-NINGEN graag af om DIN-gen in-te-RE-SANT te hou-DEN.

How long will I need to stay in the hospital/recovery from this procedure?
Hoe lang moet ik in het ziekenhuis blijven / herstellen van deze procedure?
HOO lang MOET ick in het ziekenhoes BLIJVEN / hurstelle van DEZE proh-see-DURUH?

Do I need to make any changes to my medication/diet/lifestyle to manage my condition?
Moet ik mijn medicatie/dieet/levensstijl wijzigen om mijn aandoening onder controle te houden?
Moot ik MIJN medikatie/dieet/leevensstijl WIJ-zigen om mijn aan-DOE-NIIG onder KONT-roluh te houw-DUH?

Can you explain the billing/insurance process for my visit/procedure?
Kunt u het facturerings/verzekeringsproces voor mijn bezoek/procedure uitleggen?
KUNT OE hut factureeringhs/ferzekeuringhsproces voor mijn beezoek/procedure OET-layghun?

When is the next available appointment with the doctor?
Wanneer is de volgende beschikbare afspraak met de dokter?
WAN-neer is de vol-GUHNDE buh-SCHIK-baa-re afspraak MET deh dok-TUHR?

AT THE DOCTOR

Hello, I'm here for my appointment.
Hallo, ik ben hier voor mijn vraag.
Hah-LOH, ik ben HIER voor mijn VRAAG

I've been experiencing some health problems lately.
Ik heb de laatste tijd wat gezondheidsproblemen.
Ik heeb duh LASTUH tayd wut GUH-zon-du-hds-PROBLE-men

I would like to schedule an appointment with the doctor.
Ik wil graag een afspraak maken met de dokter.
Ik wil GRAAG un AFS-praak maken met de DOK-ter

I'm feeling quite unwell.
Ik voel me erg ziek.
Ik VUHL muh erkh ZIEK

I need a check-up.
Ik heb een medische evaluatie nodig.
Ik heh een MUH-deh-LUHK-uh uh-vuh-lua-TSEE noh-DID?

I have some concerns about my health.
Ik heb wat zorgen over mijn gezondheid.
Ik HEHB wat zor-GHEN oh-ver MAYN guh-ZOND-hyt

I've been experiencing some pain in my [body part].
Ik heb pijn gevoeld in mijn [ ].
Ik heb PAIN ghuh-VOELD in MIJN [ ]?

I need a referral to see a specialist.
Ik heb een verwijzing nodig naar een specialist.
Ik heb un vur-wai-ZING noo-dig NAAR un spe-SJA-list

I'm here for a follow-up appointment.
Ik ben hier voor een vervolgafspraak.
Ik ben HIER voor een VERVOL-gafspraak?

I'm here for a second opinion.
Ik ben hier voor een second opinion.
Ik ben heer voor un SECOND o-pie-NIE-on?

I need to renew my prescription.
Ik moet mijn recept verlengen.
Ik MOHT mijn ruh-SEPT vur-LENG-un?

I'm allergic to [medication/food] and need to avoid it.
Ik ben allergisch voor [ ] en moet dit vermijden.
Ik ben ALLER-gies voor [ ]

I've been feeling tired and rundown lately.
Ik voel me de laatste tijd moe en uitgeput.
Ik fuhl muh duh laat-STUH tyd moh-uh in ow-ghuh-ZOOPT

I need to discuss my test results with the doctor.
Ik moet mijn testresultaten met de dokter bespreken.
Ik moot mijn TEST-ruh-zul-tah-tun met de DOCK-tur buh-SPRE-kuhn

I'm having trouble sleeping.
Ik heb moeite met slapen.
ik hep MOE-te met sla-PEN

I need a flu shot or other vaccine.
Ik heb een griepprik of een ander vaccin nodig.
Ik hehb uhn GRIP-prik of uhn ahn-DER vak-sin noh-DIG

I'm pregnant and need to discuss my prenatal care.
Ik ben zwanger en moet mijn prenatale zorg bespreken.
Ik ben ZVA-hnger en moet mien PRAY-na-taa-le zorg buh-SPREH-ken

I've been experiencing some side effects from my medication.
Ik heb wat bijwerkingen gehad van mijn medicatie.
Ik heb wat bai-wur-KINGEN gehad van mijn MEH-die-ka-TIE

I need a physical exam.
Ik heb een lichamelijk onderzoek nodig.
Ik heb AIN lee-kah-meh-likh on-dur-SOOK no-DIKH

I need a note for work or school.
Ik heb een briefje nodig voor werk of school.
Ik heb un BRIF-yuh noh-dig voor WERK of school

I need to discuss my diet and nutrition with the doctor.
Ik moet mijn dieet en voeding bespreken met de dokter.
Ik MOET mijn dee-TET en vooh-DING buh-SPRIEH -ken met de DOK-ter

I need to have my blood pressure checked.
Ik moet mijn bloeddruk laten controleren.
Ik moet mijn BLOED-druk laa-ten con-TRO-le-ren

I have a cough or sore throat.
Ik heb hoest of keelpijn.
Ik heb HOHSTof KEEL-pain

I have a fever or other flu-like symptoms.
Ik heb koorts of andere griepachtige symptomen.
Ik heb KOR-tsuv oh-fuh-ruh GREEP-uhk-tuh-kuh SIHM-puh-muhn

I need a prescription for a medication.
Ik heb een recept nodig voor een medicijn.
Ik heb een reh-SEPT noh-DIG voor een meh-deh-KIJN.

I have an appointment with the doctor.
Ik heb een afspraak met de dokter.
Ik heh-uhb un af-SPRAAK met de dok-tur

WORKING OUT AT A GYM

What are the gym hours?
Wat zijn de openingstijden van de sportschool?
Wat zijn de O-PEN-ingstij-DEN van de SPORT-school?

Do you have any classes today?
Heb je nog lessen vandaag?
Hab ye nog LES-sen van-DAAG?

Can I get a tour of the gym?
Kan ik een rondleiding krijgen in de sportschool?
Kun ick een RONT-leiding KRIJ-gen in de SPORT-sxol?

Where are the lockers located?
Waar zijn de kluisjes?
Vaar zain duh kloy-SJUHS?

How much does it cost to use the gym?
Hoeveel kost het gebruik van de sportschool?
Hoe-vehl kost het ge-BRUIK van de SPORT-sxol?

Can I borrow a towel?
Kan ik een handdoek lenen?
Kun ick EEN hand-DOEK lenen?

Where is the water fountain?
Waar is de waterfontein?
Vahr is de WAH-ter-fon-TEIN?

Do you have any yoga mats?
Heb je yogamatten?
Heb ye YO-ga-MAT-ten?

Is there a sauna here?
Is hier een sauna?
Iss heer AYN SOW-nuh?

How do I use this machine?
Hoe gebruik ik deze machine?
HOE ge-BRUIK ik DE-ze MA-chi-ne?

Can you spot me?
Kun je me zien?
KUHN ye muh ZEEN?

Where can I find the dumbbells?
Waar kan ik de dumbbells vinden?
WAAR kan ik de DUMB-bells VIN-den?

Is there a locker room here?
Is hier een kleedkamer?
Is heer ayn klayd-kah-MER?

How much does a personal trainer cost?
Wat kost een personal trainer?
Vat KOST un per-soh-NAL TRAY-ner?

Can I use the treadmill?
Kan ik de loopband gebruiken?
Kahn ick duh LOHP-bahnt ghuh-BRUY-ken?

Is there a weight limit on the machines?
Is er een gewichtslimiet op de machines?
Is er een GEWICH-tsliemiet op de MACH-ines?

Can I pay with a credit card?
Kan ik betalen met credit card?
Kun ick bay-TALEN met KREDIT kard?

Where can I find the exercise balls?
Waar kan ik oefenballen vinden?
Vaar kan ick UFFEN-ballen vinden?

How many reps and sets should I do?
Hoeveel herhalingen en sets moet ik doen?
Hoe-VEL heh-RAH-pee-lin-gen en sets MOET ik doen?

Do you offer group classes?
Bieden jullie groepslessen aan?
Beeden YULLIE groepslessen AHN?

Can I bring a friend to the gym?
Mag ik een vriend meenemen naar de sportschool?
MAH-gh ik ahn VREEND may-NUH-men naar duh SPORT-sxol?

Is there a pool here?
Is hier een zwembad?
Iss heer ain ZWEM-baad?

What kind of workouts are you doing today?
Wat voor trainingen doe jij vandaag?
Wat FOAR TRENIN-gen doe jy FANDAACH?

Do you have any advice on how to improve my form for this exercise?
Heb je enig advies over hoe ik mijn vorm voor deze oefening kan verbeteren?
Heb jeh ENIGH advies over hoe ik MIJN vorm voor DEZE OEFEVING kan VER-beteren?"

How many sets/reps are you doing for that exercise?
Hoeveel sets/reps doe je voor die oefening?
Hoo-VALE sets/reps DOO-uh yuh voor die OEFE-ning?

Would you like to work in with me on this equipment?
Wil je met mij aan deze apparatuur werken?
Wil yuh met may aahn deh-ZUH uh-pa-raa-TUUR WERKEN?

Do you know how to use this piece of equipment?
Weet jij hoe je dit apparaat moet gebruiken?
WAYT yay how yuh DISS uh-PAA-raat MOET ge-BRUIK-un?

This exercise is really challenging, but I'm going to push through it.
Deze oefening is echt een uitdaging, maar ik ga er doorheen.
Dey-ZUH u-fuh-NING is UCHT UYT-daa-GING, MAHR ik gaa er door-HEEN

I like to switch up my workouts to keep things interesting.
Ik wissel mijn trainingen graag af om dingen interessant te houden.
Ik wis-SEL mijn tray-NINGEN graag af om DING-en INTERES-sant te HOU-den.

COMMON GREETINGS

Hello
Hallo
hah-LOH

Hi/Hey
Hoi
HOY

Good morning
Goedemorgen
Khoo-DUH-mor-ruh-GHEN

Good afternoon
Goedemiddag
Khoo-DUH-mih-DAHGH

Good evening
Como vai?
COMO vai

Greetings
Goedeavond
Goh-duh-ah-VONT

What's up?
Wat is er
WAH-t iss UHR?

How's it going?
Hoe gaat het
Hoo GAHHT het?

How are you doing?
Hoe is het met je
Hoo is het MET YUH?

Nice to meet you
Aangenaam
AHN-guh-NAHM

Pleasure to meet you
Prazer em conhecê-lo
PRAH-zeer ehn koh-NEY-see-lyoo

It's good to see you
Aangenaam kennis te maken
AHNG-uh-nahm KEH-nis tuh MAH-ken

Long time no see
Goed om je te zien
Hut OHM yuh tuh ZEEN

Hey, what's going on with you today?
Hé, wat is er met je aan de hand vandaag?
Hey, WAH-T is er met JUH aan de hand van-DAAG?

Hi, how's your day going so far?
Hallo, hoe gaat je dag tot nu toe?
Hah-LOH, hoo GAAT yo-w DAHK tot NOO too

Good evening, how can I assist you?
Goedenavond, waarmee kan ik u helpen?
GOO-dun-AHVONT, waar-MEEK kan ik uu hel-PUN?

Good morning, how are you?
Goedemorgen, hoe gaat het met je?
GOO-DE-MOR-GHEN, hoe ghaat HET MRT jə?

Nice to see you again.
Fijn om je nog eens te zien.
FAYN om ye NOX ens te ZIEN

How have you been?
Hoe was het met je?
HOE GAAT het met JE?

What's new?
Wat is er nieuw?
Wat is er n-YEW?

Hey there, how's it going?
Hallo daar, hoe gaat het?
HAH-loh DAAR, HOOH gaat het?

Hey there, nice to see you!
Hey daar, leuk je te zien!
Hey DAAR, LUHK yuh tuh ZIEN!

How's your day going so far?
Hoe gaat je dag tot nu toe?
LOIK yuh TUH ont-MUH-ten

What brings you here today?
Wat brengt jou hier vandaag?
WAH-t BRENKT jau hier van-DAAG?

I hope you're doing well.
Ik hoop dat het goed met je gaat.
Ik HOAP dat hut GOET met JUH gaat.

Hello, it's great to meet you!
Hallo, leuk je te ontmoeten!
Ha-llo, LUH ye tuh ont-MUH-ten!

BANKING

What types of bank accounts do you offer?
Welke soorten bankrekeningen bieden jullie aan?
Welke SOOR-ten BANK-re-ke-NIN-gen BIE-den JULL-ie aan?

What are the requirements for opening a bank account?
Wat zijn de vereisten voor het openen van een bankrekening?
Wat ZIN de VUH-ry-STEN voor het oh-PUH-NUN van un bank-RUH-KENING?

How do I transfer money to another account?
Hoe maak ik geld over naar een andere rekening?
HOO MEYK ick GHELT oh-VER naar een an-DER-uh ruh-KIENK?

What are the fees for using your services?
Wat zijn de kosten voor het gebruik van uw diensten?
WAH-t ZIN de KOSTEN voor het GEBRUIK van uw DEE-en-STEN?

Can I apply for a loan or credit card through your bank?
Kan ik via jullie bank een lening of creditcard aanvragen?
KAN ik VEE-uh JOOLIE bank UHN lening of KREDIET-kaht AAH-NVRAAGUH?

How can I check my account balance?
Hoe kan ik mijn rekeningsaldo controleren?
HOU KAN ik MIJN ree-KENING-sal-do CON-tro-le-REN?

What happens if I lose my ATM card or it gets stolen?
Wat gebeurt er als ik mijn pinpas verlies of als deze wordt gestolen?
Wat guh-BEURT uhr ALS ik mijn PIN-pas VUR-lees of als de-ZUH verdt GESTOH-luhn?

Can I access my account online or through a mobile app?
Heb ik toegang tot mijn account online of via een mobiele app?
HEB ik toe-GANG tot mijn ac-COUNT on-LINE of VIA een mo-BIE-le APP?

COMMON TRAVELER QUESTIONS

What are the visa requirements for visiting this country?
Wat zijn de visumvereisten voor een bezoek aan dit land?
wut zyn DUH VEEZUM-vuh-RAHY-sten voor ayn buh-ZOOK ahn dit LANT?

What is the local emergency phone number?
Wat is het lokale alarmnummer?
Wat is het loh-kah-leh ah-LAHRM-nuhm-MER?

Can I use my credit card here? -
Kan ik mijn creditcard hier gebruiken?
KAHN ik mayn kreh-DIET-kahrd heer geh-BRUIK-uhn?

What is the public transportation system like?
Hoe is het openbaar vervoersysteem?
Hoo is het oh-PUHN-baar vur-VUHR-sis-TEHM?

How do I navigate the local transportation system?
Hoe navigeer ik door het lokale transportsysteem?
Hoo nah-vee-GUH ik door het loh-KAH-luh trahn-SPOHRT-sis-teem?

Where can I find a pharmacy?
Waar vind ik een apotheek?
Wahr VIND ik ayn ah-POH-teek?

What is the local dress code?
Wat is de lokale dresscode?
Wat is duh loh-KAH-luh dress-CODE?

Are there any areas I should avoid for safety reasons?
Zijn er gebieden die ik om veiligheidsredenen moet vermijden?
Zey-NUHR guh-bee-DUHN dee ik om vay-LUHGH-haits-ruh-duh-NUHN must VUHR-may-DUN?

What is the local time zone?
Wat is de lokale tijdzone?
VAHT is duh LOH-kah-luh tayd-ZONE?

How do I convert between currencies?
Hoe converteer ik tussen valuta's?
Hoo KOHN-vuhr-tehr ik TUSS-uhn vah-loe-TAHS?

Where can I find public restrooms?
Waar vind ik openbare toiletten?
Wahr VINT ik oh-pun-BAH-ruh tuh-LET-ten?

What are the local customs and traditions?
Wat zijn de lokale gewoonten en tradities?
wat ZIN duh loh-KAH-luh guh-WOHN-tuhn en TRAH-dih-TIES?

How do I get to the airport/train station/bus station?
Hoe kom ik bij het vliegveld/treinstation/busstation?
Hoe KOHM ik bay het VLEEG-velt/treyn-STAHT-yon/boos-staht-YON?

What are some popular tourist attractions in this area?
Kun je hier goede restaurants aanbevelen?
Kun YUH heer GOH-duh restau-RAHNTS ahn-BUH-veh-len?

How much does this cost?
Hoeveel kost dit?
Hoo-VAYL kost DIT?

Can I drink the tap water here?
Kan ik hier het kraanwater drinken?
Kan ik HIER het KRAAN-wah-ter drin-KEN?

What is the exchange rate for my currency?
Wat is de wisselkoers voor mijn valuta?
Wut is duh WIS-sel-KOORS vor main vuh-LOO-ta?

What is the local currency and exchange rate?
Wat is de lokale valuta en wisselkoers?
KAH-luh VAHL-yuu-TAH en wie-suhl-KOERS?

Where can I buy a SIM card for my phone?
Waar kan ik een simkaart voor mijn telefoon kopen?
WAAR kan ik ayn sim-KART voor mijn teh-le-FOHN koh-pen?

How do I ask for directions?
Hoe vraag ik de weg?
Hoo VRAAHG ik duh WEKH?

How do I call a taxi?
Hoe bel ik een taxi?
Hoe BELL ick ayn TAHK-see?

What are the must-see attractions in this area?
Wat zijn de must-see attracties in dit gebied?
WAH-t ZIN de must-see ATTRACTIES in dit GEBIED?

How do I get to the airport/train station/bus terminal from here?
Hoe kom ik vanaf hier bij het vliegveld/treinstation/busstation?
HOOH kom ick VAHNAF hier bij het VLEEG-feld/TREINSTAAHSIE-on/BUSSTAHSIE-on?

Can you recommend any good restaurants or cafes nearby?
Kunt u goede restaurants of cafés in de buurt aanbevelen?
KUNT uu GOE-deh RES-tau-RANTS of ka-FAYS in deh BUURT aan-BE-ve-LEN?

How do I get around the city/town/area?
Hoe verplaats ik me in de stad/gemeente/gebied?
HOO vur-PLAATS ik muh IN duh stadt/GUH-mayntuh/ghuh-BEET?

What is the weather like during this time of year?
Hoe is het weer in deze tijd van het jaar?
HOOW is het WEER in DEEZE tiid van het JAAR?

Are there any safety concerns or areas to avoid in this location?
Zijn er veiligheidsproblemen of gebieden die op deze locatie moeten worden vermeden?
ZIN er VEILIGHEIDS-problemen of GEBIEDEN die vermeden MOETEV worden op deze LOCATIE?

How do I access Wi-Fi or mobile data in this area?
Hoe krijg ik toegang tot wifi of mobiele data in dit gebied?
Hoe KRAYG ik toe-GANG tot wifi of MO-BEE-le da-ta in dit ge-BIED?

What are the local laws and regulations, such as visa requirements or alcohol restrictions?
Wat zijn de lokale wet- en regelgeving, zoals visumvereisten of alcoholbeperkingen?
Wat zyn deh loh-kah-LEH wet en RUH-gel-geh-VING, ZOHALS vee-sum-vuh-rys-tuh of al-koh-ol-beh-per-KINGEN?

COMMON RESPONSES TO QUESTIONS

Yes, that's correct.
Ja dat is correct.
Yah DAT is koh-RECT

No, that's not accurate.
Nee, dat is niet juist.
Nay, DAHT is neyt YOO-ist

I'm not sure, let me check and get back to you.
Ik weet het niet zeker, laat het me controleren en kom erop terug.
Ik WEET het NIET zeker, LAAT het me controleren en KOM erop TERUG

Sorry, I didn't understand your question.
Sorry, ik begreep je vraag niet.
SOR-ree, ik buh-GRYP yuh vraahg NEET

To be honest, I don't have an answer for that.
Eerlijk gezegd heb ik daar geen antwoord op.
AYR-likh guh-ZEGD heb ik daar ghayn AHN-toh-ord op

That's a great question, let me think about it for a moment.
Dat is een goede vraag, laat me er even over nadenken.
Dat is ayn GOH-duh VRAAHG, laht muh UHR ay-ven oh-VER naa-den-KEN

I'm afraid I don't know.
Ik ben bang dat ik het niet weet.
Ik ben BAHNG dat ik het neet WHEET

That's a good point, let me think about it.
Dat is een goed punt, laat me er even over nadenken.
Dut is ayn gut PUHNT, laht muh uhr a-VEN oh-ver nah-den-KUHN

Absolutely
Absoluut.
Ahb-soh-LUUT

Definitely not.
Absoluut niet.
Ahb-SOH-luut NEET

Possibly
Mogelijk
Moh-KHUH-lukh

That's a tough one.
Dat is een moeilijke.
Dut iss ayn MOH-luh-kuh

I can see both sides of the argument.
Ik zie beide kanten van het argument.
Ik zie BEY-duh kahn-TUH van het ahr-gyu-MENT

It's hard to say for sure.
Het is moeilijk met zekerheid te zeggen.
Het is moh-ee-LYK met zay-KEHR-heyd tuh zeg-GHEN

I'm inclined to agree/disagree with you.
Ik ben geneigd het met je eens/oneens te zijn.
Ik BEN guh-NAYGD het met yuh AYNS tuh zyn

I think so, but I'm not entirely certain.
Ik denk het wel, maar ben er niet helemaal zeker van.
Ik dengk hut wel, maar ben er niet HAY-luh-maal ZAY-ker vahn

Not necessarily.
Niet noodzakelijk.
Niet NOOD-zakelijk

That's a valid point.
Dat is een valide punt.
Dut is ayn vah-LEE-duh PONT

That's an interesting perspective.
Dat is een interessant perspectief.
DAT is ayn in-teh-RESSANT pair-spehk-TIEF

That's a possibility.
Dat is een mogelijkheid.
DUT is ayn moh-KHUH-luh-khait-AIT

I'm open to discussion.
Ik sta open voor discussie.
Ik STAH oh-pen voor duh-SKOO-SIE

I'm not convinced.
Ik ben niet overtuigd.
Ik BENneet oh-VUR-tuicht

That's a tricky question.
Dat is een lastige vraag.
Daht is ayn lah-STUH-guh VRAAHGH

I completely agree with you.
Ik ben het helemaal eens met jou.
Ik ben het HEH-lee-MAAL ee-UNS met jow.

I appreciate your input.
Ik waardeer je inbreng.
Ik WAA-r-deer ye in-BRENG.

I'm glad we had this conversation.
Ik ben blij dat we dit gesprek hebben gehad.
Ik ben BLEE dat we dit GUSPREK hebben GEHAD.

PETS

Dog
Hond
HOO-nd

Cat
Kat
KA-t

Bird
Vogel
VOG-el

Fish
Vis
Vis

Hamster
Hamster
Ahm-STAIR

Guinea pig
Cavia
Ca-VIA

Rabbit
Konijn
Ko-EH-lyoo

Ferret
Fret
FEH-ret

Hedgehog
Egel
EH-ghel

Chinchilla
Chinchilla
Sheen-CHEE-lah

Mouse
Muis
MOE-is

Rat
MOE-is

Gerbil
Gerbo
ZJER-bil

Snake
Cobra
KOH-brah

Lizard
Hagedis
HAG-edis

Tortoise
Schildpad
SC-child-pad

Hermit crab
Heremietkreeft

Tarantula
Tarantula
Tuh-RAHN-tuh-lah

Scorpion
Schorpioen
SCHOR-pioen

Bearded dragon
Bebaarde draak
BEA-baard-e draak

Pot-bellied pig
Hangbuikzwijn
HAHNG-buik-ZWAIN

Miniature horse
Miniatuur paard
MIE-nee-TAUW-er paart

Goat
Geit
KHAYT

Sheep
Schaap
SCH-aap

Chicken
Kip
KIP

Duck
Eend
EEE-nd

What kind of pets do you have?
Wat voor huisdieren heb je?
Wat voor HUYS-dieren HUB ye?

Do you have any tips for training a new pet?
Heb je tips voor het trainen van een nieuw huisdier?
Heb YUH tips vor het TRAY-nun VAHN uhn n-YUH HUIS-dee-er?

What is your favorite thing about your pet?
Wat vind je het leukst aan je huisdier?
Wat VIND je het LEUHST aan je HUISDIER?

Have you ever adopted a pet from a shelter?
Heb jij wel eens een huisdier uit het asiel geadopteerd?
Heb YAI wel ens un HUISDIER uyt het asiel GEADOP-theerd?

What is your pet's name?
Wat is de naam van je huisdier?
Wat is de NAAM van ye HUIS-deer?

How do you keep your pet healthy?
Hoe houd je je huisdier gezond?
Hoo HOUD ye ye HOUWS-deer GHE-zont?

Do you have any funny or heartwarming pet stories to share?
Heb je grappige of hartverwarmende dierenverhalen om te delen?
Heb ye HRA-pee-ge of hart-ver-WARMEN-de die-REN-ver-ha-LEN om te de-len?

What is your opinion on spaying or neutering pets?
Wat is uw mening over het steriliseren of castreren van huisdieren?
Wat is uw muh-NING over het STER-i-li-se-REN of kah-STRE-ren van HUIS-dee-ren?

Have you ever had to say goodbye to a pet?
Heb jij wel eens afscheid moeten nemen van een huisdier?
Hep yai vel EINS AFSCHAID moote neh-MUN vahn un hui-SDEER?

I love spending time with my pet.
Ik breng graag tijd door met mijn huisdier.
Ik BRENKH hrahg TAYD dohr met mijn HUIS-deer.

COLORS

Red
Rood
ROOD

Blue
Blauw
BLAA-uw

Green
Groente
KHRUH-ntuh

Yellow
Geel
GHA-yl

Orange
Oranje
Oh-RAHN-yuh

Purple
Paars
PAARS

Pink
Roze
ROO-zuh

Brown
Bruin
BRU-in

Black
Zwart
ZWAART

White
Wit
WIH-t

Gray
Grijs
GRAYS

Navy
Marine
Mah-REEN

Turquoise
Turkoois
TUHR-koo-is

Olive
Olijf
OLIJ-f

Teal
Wintertaling
WIN-tur-taa-ling

Lavender
Lavendel
Lah-VAHN-dah

Beige
Beige
BAYZH

Cyan
Cyaan
CEE-yaan

Salmon
Zalm
ZAH-lm

Gold
Goud
Gout

Silver
Zilver
ZIL-ver

Bronze
Bronzen
BRAWN-zee

Indigo
Indigo
EEN-dee-goh

Fuchsia
Fuchsia
FOOK-zie-ah

Charcoal
Houtskool
HOUT-skool

Peach
Perzik
PER-zik

Mint
Menthol
MEN-thol

Ivory
Ivoor
Ie-voor

Burgundy
Bourgondië
Boor-GON-die

Olive green
Olijfgroen
OLIJF-groen

What's your favorite color?
Wat is je lievelingskleur?
Wat is jeh LEE-vuh-LINGS-kluhr?

Do you like bright colors or muted ones?
Hou je van felle kleuren of van gedempte?
Hau jeh vahn FEH-leh KLEU-ren of vahn guh-DEM-puh-teh?

Which color do you think represents happiness?
Welke kleur staat volgens jou voor geluk?
WEL-ke kleur STAAL vol-GENS jou voor ge-LUK?

Which color do you think represents sadness?
Welke kleur staat volgens jou voor verdriet?
WEHL-kuh kluhr staaht vohl-HUHNS jow foor vur-DREET?

What color are your eyes?
Welke kleur hebben je ogen?
WEHL-kuh kleur hah-VUN juh oh-GUN?

Do you prefer warm colors or cool colors?
Houd je meer van warme kleuren of van koele kleuren?
HAWD ye MEER van war-MUH KLEU-ren of van KOE-le KLEU-ren?

NUMBERS

One
Een
EEN

Two
Twee
T-vay

Three
Drie
Dree

Four
Vier
Feer

Five
Vijf
Fayf

Six
Zes
Zes

Seven
Zeven
zay-FERN

Eight
Acht
Akht

Nine
Nieuwe
Nay-KHERN

Ten
Tien
Teen

Eleven
Onze
OHN-zay

Twelve
Twaalf
Tvaalf

Thirteen
Dertien
DEHR-teen

Fourteen
Veertien
FAYR-teen

Fifteen
Vijftien
FAYF-teen

Sixteen
Zestien
ZEV-teen

Seventeen
Zeventien
Zay-FERN-teen

Eighteen
Achttien
AKH-teen

Nineteen
Negentien
NAYKH-ern-teen

Twenty
Twintig
TVIN-tikh

HANDLING A RUDE PERSON

Please don't speak to me like that
Praat alsjeblieft niet zo tegen me
PRAAT als-JEBLIEFT niet zo TEGEN me

Let's keep this conversation respectful
Laten we dit gesprek respectvol houden
lah-TEN weh dit GHESS-prek res-PEKT-vol how-DUN

I don't appreciate the tone you're using.
Ik stel de toon die je gebruikt niet op prijs.
Ik STEL duh TOHN dee yuh guh-BROYKT neet op PRAHYS

That's not an appropriate way to communicate.
Dat is geen geschikte manier van communiceren
Dat is KHEEN guhn khe-SIKH-tuh MAH-nee-er van koh-MYOO-nee-RUHN

Let's try to stay calm and find a solution.
Laten we proberen kalm te blijven en een oplossing te vinden.
lah-TEN vuh PROH-beh-ren KAHLM tuh BLY-ven en ayn OHP-loh-sing tuh VIHN-den

I'm sorry, but I won't tolerate that kind of behavior.
Het spijt me, maar ik tolereer dit soort gedrag niet
Het SPAIT meh, mahr ICK tolereer dit SOORT kuhdrach NIT.

I don't appreciate the way you're speaking to me.
Ik waardeer de manier waarop je tegen me praat niet.
Ikh wah-reh-speer duh muh-nier waa-rop juh tuh-gen muh praat nieht.

I understand you're upset, but please don't take it out on me.
Ik begrijp dat je boos bent, maar reageer dit alsjeblieft niet op mij af.
Ik buh-GREYP daht yuh bohs BENT, MAHR ray-ah-geer dits alstublieft neet op may ahf.

Let's try to stay calm and talk this through.
Laten we proberen kalm te blijven en erover te praten.
Laa-tun luh pro-BEE-ren KAHLM tuh bly-vun en uh-ROH-vur tuh PAA-tun

Can we please have a civil conversation?
Kunnen we alsjeblieft een burgerlijk gesprek voeren?
Koenen we als-je-blieft een bur-ger-lijk ge-sprek voe-ren?

Please watch your language when you're talking to me.
Let alsjeblieft op je taal als je tegen me praat.
Let aalsjebleeft op jee TAAL aals jee tegen me PRAAT

I don't deserve to be spoken to in that way.
Ik verdien het niet om zo aangesproken te worden.
Ik vur-DIEN hut niet om zoo aa-nguh-SPRO-ken te wor-DEN

Your behavior is unacceptable.
Uw gedrag is onaanvaardbaar.
Oew guh-DRAG is on-aan-VAAAR-duh-luk

I'm not going to engage in this kind of disrespect.
Ik zal niet ingaan op een dergelijk gebrek aan respect.
Ik zal niet in-GAAN op een der-ge-lijk ge-brek aan re-SPECT

I won't be spoken to like that.
Ik laat me niet zo aanspreken.
Ik laht meh NIEHT soh ahn-SPREH-ken

I won't tolerate rude or aggressive behavior.
Ik tolereer geen grof of agressief gedrag.
Kheen KHROF of uh-gre-seev khed-RAKH

Please treat me with respect.
Behandel me alsjeblieft met respect.
Behandel me als-je-BLIEFT met re-SPEKT

I don't think it's appropriate to speak to anyone in that manner.
Ik vind het niet gepast om zo tegen iemand te praten.
Ik vint hut niet JUHPAST om zo tegen iemand te PRATEN

I won't engage in an argument with you.
Ik ga niet met je in discussie.
Ik gaa niet met JUH in diss-KUSSIE

I'd appreciate it if you would speak to me more respectfully.
Ik zou het op prijs stellen als je met meer respect tegen me zou praten.
Ik ZOW het op PRAYS steh-len als yuh met MEERruh-SPEHKT tuh-gen meh ZOU prahten

Please lower your voice.
Demp alstublieft uw stem.
IE-den-ti-fuh-SEER alstoe-BLEEFT uw stem

Your behavior is making me uncomfortable.
Je gedrag maakt me ongemakkelijk.
Yuh guh-DRAHK mahkt muh uhn-guh-MAHK-kuhl

I won't put up with this kind of treatment.
Ik tolereer dit soort behandelingen niet.
Ik TOOLEH-reer dit soort be-HANDEH-linghen niet

Please show some respect.
Toon alsjeblieft wat respect.
toon al-SJUH-blieft wat re-SPEKT

I won't stand for this.
Ik sta hier niet voor.
Ik sta HIER niet voor

Please stop speaking to me in that manner.
Stop alsjeblieft met op die manier tegen me te praten.
Stop als-juh-blieft met op dee ma-nier te-gen me te pra-ten.

I'm not going to listen to this kind of language.
Ik ga niet luisteren naar dit soort taal.
Ik gaa niet LOES-teren naar dit SOHRT taal

I won't tolerate this disrespectful behavior.
Ik tolereer dit respectloze gedrag niet.
Ik toh-luh-REER dit rehs-PEHKT-loh-zuh guh-DRAG niet

Please calm down and let's talk rationally.
Kalmeer alsjeblieft en laten we rationeel praten.
KAHL-meer ahlstuh-BLEEFT en LAH-tuhn wuh raht-sjoh-NEHL PRAH-tuhn.

I don't appreciate being spoken to like that.
Ik stel het niet op prijs om zo aangesproken te worden.
Ik stel het NIET op PRIJS om zo aa-nguh-sp-ro-KUHN tuh wuh-RDUHN.

Please refrain from using offensive language.
Gelieve u te onthouden van het gebruik van aanstootgevend taalgebruik.
Guh-lee-VUH uu tuh on-tuh-HUE-duhn vahn HUTuu-suhk vahn ahn-STOH-tuh-VEHNT tah-luh-ghuh-BRUYK

Please don't speak to me like that
Spreek me alsjeblieft niet zo aan
Sprayk muh AHL-syuh-BLEEFT neet zoh AHN.

Let's keep this conversation respectful
Laten we dit gesprek respectvol houden
lah-TUHN weh dit ghess-PREK reh-SPEKT-vol HUE-dun

I don't appreciate the tone you're using
Ik stel de toon die je gebruikt niet op prijs
ik stel duh TOHN dee yuh GHUH-broykt neet op PRIYS

That's not an appropriate way to communicate
Dat is geen geschikte manier van communiceren
Dut is KHAYN guhn KHUHK-tuh muh-NAYR vahn koh-MYOO-nih-seh-REN

Let's try to stay calm and find a solution
Laten we proberen kalm te blijven en een oplossing te vinden
Lah-TUN weh PROH-beh-ren KAHLM tuh BLEY-vun en ayn oh-PLOOS-ing tuh VIN-den

AT THE DENTIST

I have an appointment with Dr. _____.
Ik heb een afspraak met dr. _____.
Ik heb un AFS-SPRAAk met DR _____

I'm here for my dental checkup.
Ik ben hier voor mijn tandheelkundige controle.
Ik ben hier voor mijn TAND-heel-KUNDIGE con-tro-le

I need to schedule a cleaning.
Ik moet een schoonmaakbeurt plannen.
ik MOET een SCHOON-maak-BEURT PLAN-nen.

I have a toothache.
Ik heb kiespijn.
Ik heb KEES-pain

I'm experiencing sensitivity in my teeth.
Ik heb last van gevoeligheid in mijn tanden.
Ik heb LAAST van GUH-voe-lig-HAIT in mijn TANDEN

I broke a tooth and need it repaired.
Ik heb een tand gebroken en die moet gerepareerd worden.
Ik heb een TAND GEB-roken en die moet GERE-pareerd WOR-den.

I lost a filling and need it replaced.
Ik ben een vulling kwijtgeraakt en moet vervangen worden.
Ik ben een VUH-ling KWIJT-geraakt en moet ver-VAN-gen WOR-den

I have a cavity that needs to be filled.
Ik heb een gaatje dat gevuld moet worden.
Ik heb ən XA-te dat XAV-ylt moet WORDEN

I need a dental X-ray.
Ik heb een tandheelkundige röntgenfoto nodig.
Ik hehb un TON-dhail-kundjuh ROENT-ghunfoto no-DIGH

I'm interested in teeth whitening.
Ik ben geïnteresseerd in het bleken van tanden.
ik ben GEINTER-esseerd in het 'BLEE-ken' van 'tan-DEN

Can you recommend a good toothpaste?
Kun je een goede tandpasta aanbevelen?
Kun YUH un goede TAND-pasta aan-be-ve-LEN?

How often should I floss?
Hoe vaak moet ik flossen?
Hooh VAHK must ick FLASH-ssen?

Do you have any tips for improving my dental hygiene?
Heeft u tips om mijn mondhygiëne te verbeteren?
Haft u TIPS om mijn MOND-haa-jien te fer-bee-TEREN?

How long will the procedure take?
Hoe lang duurt de procedure?
Hoe-LUNG durrt de PROH-se-djuur?

Will I need any anesthesia?
Heb ik verdoving nodig?
Heb ICK ver-DOH-ving noh-DICH?

How much will the procedure cost?
Hoeveel gaat de procedure kosten?
Huu-VAYL gaat de PROH-seh-dyoor KOSTEN?

Do you accept insurance?
Accepteert u een verzekering?
Ak-SEPT-eert uu uu-NUH vur-ZUH-kur-ing?

Can you explain the procedure to me?
Kunt u mij de procedure uitleggen?
KUNT u mij de PRO-see-du-re UYT-leg-gen?

Is there any discomfort associated with the procedure?
Zijn er ongemakken verbonden aan de procedure?
ZiZINjn er on-guh-MAA-ken ver-BON-den aan de PRO-ce-du-re?

How long will it take for me to recover?
Hoe lang duurt het voordat ik hersteld ben?
Huu LANG dooht ut voo-RUHT daht ik her-STELD ben?

Can I eat or drink anything before the procedure?
Mag ik voor de ingreep iets eten of drinken?
Maj ik voor de in-GREEP iets eten of DRINK-en?

Will I need someone to drive me home after the procedure?
Heb ik iemand nodig die me na de procedure naar huis brengt?
Heb ick ee-MUHNT nodich die meh na duh PROH-suh-DJUR nar huys BRUNT?

Will I need to take any medication after the procedure?
Moet ik medicijnen gebruiken na de ingreep?
Moot ik MEH-die-see-nen ge-BRUIKEN na de ing-GREEP?

Can you give me a prescription for pain medication?
Kunt u mij een recept voor pijnstillers geven?
Kunt uu MAI een ree-SEPT voor pain-STILLERS gee-VEN?

How often should I come in for a checkup?
Hoe vaak moet ik langskomen voor een controle?
Hoo vaa-k MOET ik LAHNGS-koh-men VOOReen kohn-TROH-le?

Can you recommend any oral hygiene products?
Kunt u mij producten voor mondhygiëne aanbevelen?
Kunt uu mai PRRO-dak-ten voor MOND-hai-guh-nuh AAAN-buh-vee-lun?

Can you show me how to properly brush and floss my teeth?
Kun je me laten zien hoe ik mijn tanden goed moet poetsen en flossen?
Koen yuh muh lay-TEN zeyn hou ik MAYN tand-en GOET moet poe-TSUHN en FLOSS-uhn?

Do you have any aftercare instructions for me?
Heeft u na de operatie instructies voor mij?
HAYFT u na de OPERATIE instroekties VOOR mij?

Can you schedule my next appointment?
Kunt u mijn volgende afspraak inplannen?
Kunt uu MAI-n vol-GUHNDUH af-spraak in-PLAA-nun?

Thank you, see you next time.
Bedankt, tot de volgende keer.
Beh-DANKT, tot de vol-GENDE keer

COMMON QUESTIONS IN A NEW COUNTRY

Where is the nearest bank or ATM?
Waar is de dichtstbijzijnde bank of pinautomaat?
Waar is de DICH-tst-bij-zijnde bank of PIE-nau-to-MAAT?

What is the country's official language?
Wat is de officiële taal van het land?
WAH-t is de oh-FIS-jel-uh tah-LUH fan hut LANT?

How do I get to my accommodation?
Hoe kom ik bij mijn accommodatie?
hoe KAWM ick bay mijn ah-KOM-mo-daa-SIE

What is the local transportation system like?
Hoe is het lokale transportsysteem?
Hoe is het loh-KAH-luh TRAHN-sport-sis-TEEM

Are there any cultural customs or practices that I should be aware of?
Zijn er culturele gewoonten of praktijken waarvan ik op de hoogte moet zijn?
Zijn er koe-ITU-re-le guh-WOON-ten of PRAK-tie-ken waar-VAN ik op de HOOG-te moet ZIN?

What are the local emergency numbers?
Wat zijn de lokale noodnummers?
Wat ZIN de luh-KA-le nood-NUHM-ers?

Is there a tourist information center nearby?
Is er een toeristisch informatiecentrum in de buurt?
Is er een too-RISTISCH in-fohr-ma-TSEE cen-TRUM in de BUHRT?

Are there any local festivals or events happening soon?
Zijn er binnenkort lokale festivals of evenementen?
Zijn er BIN-nen-KORT lo-ka-le fes-ti-VALS of e-ve-ne-MEN-ten?

Where are the best places to eat or drink?
Waar kun je het beste eten of drinken?
Whaar KOON ye hut BESTU uhtun of DRIN-kuh?

What are the must-see tourist attractions?
Wat zijn de toeristische attracties die ik niet mag missen?
Wat ZIJN de TOE-ris-tis-che at-trac-ties die ik niet mag MIS-sen?

How much does public transportation cost?
Hoeveel kost het openbaar vervoer?
Hoe-veel KOST het o-pen-BAAR ver-VOER?

Can you recommend a good restaurant nearby?
Kunt u een goed restaurant in de buurt aanbevelen?
KUNT u een GOOT res-tau-RANT in de BUURT aan-be-ve-LEN?

Can you recommend a good place to shop?
Kun je een goede plek aanbevelen om te winkelen?
Koen ye un GOE-de pluk ahn-BEE-re-lun oom tuh WIN-kelun?

Is it safe to walk around the area at night?
Is het veilig om 's nachts door het gebied te lopen?
IZZUT vay-lug om 's NACHTS door hut ge-BEED te lo-PUN?

Where can I find a good pharmacy?
Waar vind ik een goede apotheek?
Whar VINT ick een goe-de apo-TEEK?

Can you recommend a good place to stay?
Kun je een goede plek aanbevelen om te verblijven?
KOEN yuh un goe-DUH plek AHN-beh-ve-LEN om tuh vur-BLIJ-ven?

What is the weather like at this time of year?
Hoe is het weer in deze tijd van het jaar?
HOO-eh is het WEH-er in deh-ZUH tij-d van het JAHR?

What is the local time?
Hoe laat is het lokaal?
Hoe LAAT is het loh-KAAL?

How do I get a local phone number?
Hoe kom ik aan een lokaal telefoonnummer?
Hoo KOHM ik ahn uh LOKAAL teh-luh-FOON-num-MUR?

What are the emergency numbers in this country?
Wat zijn de alarmnummers in dit land?
Wat zyn de a-LARM-nu-mers in dit LAND?

Can you recommend a good local guide or tour company?
Kun je een goede lokale gids of reisorganisatie aanbevelen?
Koen jeh uh GOE-duh lo-ka-le GIETZ ohf raeizor-GANISA-tsie ahn-BEVUH-lun?

How do I get from the airport to my accommodation?
Hoe kom ik van het vliegveld naar mijn accommodatie?
HOO kom ik van het vlee-GHVELD naar MIJN ah-KOM-moh-dah-TSEE?

POLITE RESPONSES

Thank you
Bedankt
Buh-DAHNKT

Excuse me, please.
Excuseer me, alsjeblieft."
Ex-KYUH-seer MEH, ahl-SYUH-bleeft?

I'm sorry
Excuseer me, alsjeblieft."
Ex-KEW-SEHR meh, als-YUH-bleeft

Please
Alsjeblieft
Ahl-SJUH-BLEEFT

May I help you?
Kan ik jou helpen?
KAN ik yow hel-PUN?

Nice to meet you
Aangenaam
AHN-guh-NAAM

Have a good day/evening
Fijne dag/avond
Fay-NUH ah-VONT/fay-nuh DAHGH?

After you
Na u
NAH uu?

Pardon me.
Sorry.
So-REE

Thank you for your help
you for your help
DANK je wel VOOR je HULP?

May I?
Mag ik
MAHG iek

Could you?
Je zou kunnen
Yuh ZOW ku-NEN

Would you mind?
Vind je het een probleem
Vind yuh HUT uhn PROH-bleem?

I'm sorry
Het spijt me
Hut SPAIT muh

Go ahead
Vooruit
Voor-UYT"

No problem
Geen probleem
Hayn PROH-blehm

It was my pleasure
Het was me een genoegen
Het WASS may un guh-noo-GHUN

My apologies
Mijn verontschuldigingen
Mine fuh-ron-TSCHUL-dih-gin-GHEN

With all due respect
Met alle respect
Met AH-luh ruh-SPEKT

If you don't mind
Als je er geen last van hebt
Als ye er GEEN lahst van HEBT.

If it's not too much trouble
Als het niet teveel gevraagd is
Als het niet te-VEEL ge-VRAAGD

Thank you kindly
Vriendelijk bedankt
Vrienduhlijk buh-DAHNGKT

You're welcome
Graag gedaan
HRAHKH khuhkh-DAAN

No, thank you
Nee, dank u
Nee, DAHNK uu

If I may ask...
Als ik mag vragen
Als ICK mahk VRAGEN

If I may add...
Als ik kan toevoegen
Als ICK mahg vr-Aghen

Thank you for your time
Bedankt voor je tijd
Buh-DANKT foar yuh TAYD

It's been a pleasure
Het was een plezier
HET was un PLUH-zeer

I appreciate it
Ik waardeer dat
Ik WAAR-deer DAT

I'll be happy to help
Ik help u graag verder
Ik help oo GRAHKHvur-DUR

That's very kind of you
Dat is erg aardig van je.
Dat is ERKH ARTIKH fan ye

Thank you in advance
Alvast bedankt
Al-vast be-DANKT

Excuse me for interrupting
Sorry voor de onderbreking
SOR-rie voor de on-der-BREI-king.

I appreciate your help
Ik waardeer je hulp
Ik wa-a-RDEER ye HULP.

Please let me know
Laat het me weten
LAAT het muh WETAN

May I ask a question?
Mag ik een vraag stellen?
Mug ICK ayn VRAAG stellen

Could you repeat that, please?
Kunt u dat alstublieft herhalen?
Kunt uu dat ahls-TUBLIEFT hur-haa-LUHN?

Would you be so kind as to...
Zou je zo vriendelijk willen zijn om...
Zou JEE zoo VREE-ndeluk willuh ZIJN omm.

I'm sorry to bother you
Het spijt me dat ik u stoor
Het SPIJT me dat ik u STO-or.

After you, please
Na jou, alsjeblieft
Na yau, als-juh-BLEEFT

Thank you for your understanding
Bedankt voor uw begrip
BUH-DANKT foar ooh beh-HREP

No, thank you, I'm good
Nee, dank je, ik ben in orde
NEE, dahnk YUH, ik BEN in ohr-DUH.

Please, take a seat
Ga alstublieft zitten
GAH al-STUH-bleeft zi-TEN

I'll do my best
Ik zal mijn best doen
Ik zal MEYN best DOEN

Thank you for your patience
Bedankt voor het geduld
Buh-DANKT voor hut guh-DULT

May I offer you something to drink?
Mag ik u iets te drinken aanbieden?
MMAHG ahg ick uu iets tuh DRINK-ugh aanbied-ugh-n

Would you like me to help you?
Wil je dat ik je help?
Wil yuh dat ikh yuh help?

I beg your pardon, I didn't catch that
Neem me niet kwalijk, dat heb ik niet verstaan
Neym muh niet kwa-lijk, dat hep ick niet fer-STAAN

If it's not too much trouble
Als het niet te veel moeite is
Als HET niet tuh vell MUH-teh ISS

Thank you for your hospitality
Bedankt voor je gastvrijheid
Buh-DANKT voor yuh gahst-fri-YEHD

That's very generous of you
Dat is erg gul van je.
Dat is ERKH hull VAHN yuh

Please accept my apologies
Accepteer alstublieft mijn excuses
AKS-ep-TEER als-toe-BLEEFT mai-in ek-SKOO-zus

If I may make a suggestion...
Als ik een suggestie mag doen
Als ik een SUG-jes-tie mag DOEN

I'm sorry, I didn't mean to
Het spijt me, dat was niet mijn bedoeling
Het SPIJT me, dat was NIETmijn buh-doe-LUNG.

Thank you for taking the time
Bedankt voor je tijd
Bedankt FOAR yuh TAYD

May I offer you a hand?
Mag ik u een handje helpen?
MACH ick uu un HUND-juu hel-PUN?

My apologies for the inconvenience
Mijn excuses voor het ongemak
MIJNehk-SKUU-zes FOHR het on-guh-MAHK

Please forgive me
Vergeef me alsjeblieft
Vur-GHAAF muh als-juh-BLIEFT

Thank you for your time and attention
Bedankt voor uw tijd en aandacht
Buh-DANKT voohr uw tayd en AHND-ahkt

It was nice meeting you
Het was leuk je te ontmoeten
Het was LEUK yuh tuh ont-MUHTEN

Excuse me, would you happen to know...?
Pardon, zou u weten...?
Paa-RDON, ZAU uu WUUTE-n...

DESCRIBING PEOPLE

She's kind and helpful.
Ze is aardig en behulpzaam.
Zuh is ahr-DIKH en buh-HULLP-zaam

He's smart and hardworking
Hij is slim en hardwerkend
Hay is SLIM en HARD-wer-KEND?

She's creative and talented
Ze is creatief en getalenteerd
Zuh is KRAA-tay-f en GUH-tah-len-TEHRD?"

He's confident and charismatic.
Hij is zelfverzekerd en charismatisch.
Hay is ZELF-vur-zuh-KUHRD en kah-ri-ZMAH-tisch."

She's reliable and responsible
Ze is betrouwbaar en verantwoordelijk
Zuh is buh-TROOW-baar en vuh-RANT-woor-DUH-lik?

Confident
Vol vertrouwen
VOHL vuul-TROW-wen

Cautious
Voorzichtig
VOR-zichtich

Brave
Moedig
Moo-DICK

Fearful
Angstig
AHNG-stig

Careless
Onzorgvuldig
OO-nzohrg-VUHL-dig

Meticulous
grondig
KHRON-dikh

Energetic
Energiek
EH-ner-ZJEE-k

Laid-back
Ontspannen
On-TSPAHN-nuhn

Creative
Creatief
Kruh-TAYF

Logical
Logisch
Loh-GIESH

Ambitious
Ambitieus
Ahm-bij-SYO-soo

Humble
Nederig
Nay-DUH-rig

Arrogant
Arrogante
Ah-roh-GAHN-teh

Thoughtful
Bedachtzaam
Buh-DAHGT-zahm

Impulsive
Impulsief
Impul-SEEF

Patient
Geduldig
Guh-DUL-dich

Impatient
Ongeduldig
On-GHUH-dool-dikh

Sociable
Sociaal
So-SEE-aal

Reserved
Gereserveerd
Khe-ruh-ZEYR-vuhrd

Reliable
Betrouwbaar
Buh-TROW-baar

Unreliable
Onbetrouwbaar
On-buh-TROUW-baar

Diligent
Ijverig
Ee-ver-ig

Lazy
Lui
LAU-ee

Outgoing
uitgaand
Uit-GAAND

Introverted
In zichzelf gekeerd
In zeech-ZELF guh-KEERD

Impressive
Indrukwekkend
In-DRUK-wek-kend

Mediocre
Middelmatig
Mih-DUHL-maa-tig

Enthusiastic
Entusiasmado
Ehn-too-zee-AH-mah-doo

Lackadaisical
Vies
V-ees

Punctual
Punctueel
Punk-TJU-ul

DESCRIBING THINGS

The view is beautiful
Het uitzicht is prachtig
Het eyt-ZAWCHT is PRAHG-tig

The decor is stylish
De inrichting is stijlvol
DUH in-rik-TING is STAYL-vol

The food is delicious
Het eten is heerlijk.
Het ENT-n is HAYR-likh"

The room is cozy.
De kamer is gezellig.
Duh KAH-mur is GUH-zel-LIGH

The car is luxurious
De auto is luxe
DUH ah-tTOH oh is LUKS

MAKING A SUGGESTION

Let's try something new
Laten we iets nieuws proberen
LAH-ten wuh IETS nie-UWS PROH-beh-ren?

How about we do this...
Zullen we dit doen?
Zuh-LUHN weh dit dohn?

Maybe we could.
Misschien kunnen we.
Miss-KHEEN kuu-NUN vuh?

Why don't we consider...
Waarom overwegen we niet
WAH-rom oh-vur-wuh-GHUN wuh neet?

What if we try...
Wat als we het proberen.
WAH-t als we het PROH-beh-ren?

I suggest.
Ik stel voor.
Ik SEL voor?

Perhaps we could
Misschien kunnen we dat
Miss-SHYEN koon-NEN vuh DAHT?

How about we explore..
Zullen we verkennen.
Zuh-LUHN weh vuhr-kuh-NUHN?

Why don't we brainstorm?
Waarom brainstormen we niet.
WAHR-om breen-STORM-en we NEET

How about we...
Wat dacht je ervan als wij...
Vat dahgt YE ur-vahn ALS vay?

Why don't we...
Waarom doen we niet...
Waa-rom DOEN vuh NEET...

Have you considered...
Heb je ooit overwogen...
Hey buh yuh OWT oh-ver-WOGEN...

Would you like to...
Zou jij willen...
Zow yee WILLEN...

HOBBIES AND INTERESTS

What do you like to do in your free time?
Wat doe je graag in je vrije tijd?
wut doh yuh KRAAHG in yuh VREE-yuh TAYD?

Do you play any sports or have any favorite teams?
Ik hou van sporten. Doe je aan sport of heb je favoriete teams?
Ik hou vahn SPOHR-tuhn/doo YUH ahn SPORT of HEHB yuh fah-VOH-ree-teh TAYMS?

What kind of books do you like to read?
Wat voor boeken lees je graag?
Wat FOHR boh-KUHN lays yuh GRAAHG?

Do you enjoy cooking as well?
Vind je koken ook zo leuk?
Vint YUH koh-KUHN ohk zo LAYK?

Have you traveled to any interesting places lately?
Ben je de laatste tijd naar interessante plaatsen gereisd?
Ben juh duh LAAT-stuh tayd NAA-ruh IN-tuh-RES-suhn-tuh PLAHS-uhn guh-RAYS-t?

What kind of music do you like?
Van welke muziek hou je?
Vahn WEL-kuh MYOO-ziek hou juh?

Do you enjoy spending time in nature?
Brengt u graag tijd door in de natuur?
BRENGT juh grahg tayd DOHR in duh NAH-tuur?

Do you have any favorite artists or types of art?
Heb je favoriete artiesten of soorten kunst?
HEB je fa-vo-RIE-te AR-tis-ten of SOOR-ten KUNST?

What kind of hobbies do you enjoy doing at home?
Wat voor soort hobby's doe je thuis graag?
WAHT-VOOR-SOORT HOH-bees DOO YU THUYS GRAHG?

I enjoy playing video games.
Ik speel graag videogames.
Ik SPEEL kraahg foh-TOW-ghuh-MEUZ

My favorite hobby is reading books.
Mijn favoriete hobby is BOEKEN lezen.
Meyn FOH-vo-ree-TEY hoh-bee is BOO-kuhn ley-ZUHN

I like to go for long walks in nature.
Ik maak graag LANGE WANDELINGEN in de natuur.
ik maak kraahg LAHN-juh wahn-duh-LING-uh in duh nah-TUUR

I enjoy watching movies and TV shows.
Ik kijk graag naar films en tv-programma's.
Ik kaiyk KRAAHG NAAHRfilms en tee-vee proh-GRAHM-ma's

My favorite hobby is photography.
Mijn favoriete hobby is FOTOGRAFIE.
Main FAW-voh-ree-te hoh-BEE is foh-toh-GRAA-fee

I love listening to music and attending concerts.
Ik luister graag naar MUZIEK en ga graag naar CONCERTEN.
Ik loy-STUHR hrahg nah-ruu MUH-ziek en gah HRAHGnah-ruu KOHN-sair-TUN

I enjoy cooking and trying new recipes.
Ik kook graag en probeer NIEUWE RECEPTEN.
ik kohk KRAAHG en proh-beer NIEUWE REH-SEP-TUN

I like to travel and explore new places.
Ik hou van reizen en NIEUWE PLAATSEN ontdekken.
Ik hou van RAY-zen en NYEU-we plah-TSEN ont-dek-KEH

My favorite hobby is painting and drawing.
Mijn favoriete hobby is SCHILDEREN en tekenen.
Mine fah-voh-REET-uh HOH-bee is SKIL-duh-ren en TAY-kuhn-un

I enjoy gardening and growing my own vegetables.
Ik geniet van tuinieren en het verbouwen van mijn eigen groenten.
Ik ghuh-NEEHT vahn too-INUH -ruhn UHN huet vur-BOW-uh-nuh vahn mijn OW-uhn GROW-nuh-TUHN

I like to do DIY projects around the house.
Ik doe graag doe-het-zelf-projecten thuis.
Ik doo KRAAG doo-het-ZELF-projek-ten THUIS

My favorite hobby is playing sports, especially soccer.
Mijn favoriete hobby is SPORTS, vooral voetbal.
Mine FAH-voh-ree-teh hoh-BEE ehs SPORTS, voh-ral FOHT-bahl

I love to dance and take dance classes.
Ik dans graag en volg danslessen.
Ik DANS graag en volg DANS-lessen.

I enjoy writing and journaling.
Ik hou van schrijven en dagboeken bijhouden.
Ik hau van SCHRAY-ven en DAG-boe-ken bij-HOU-den

My favorite hobby is watching and analyzing sports games.
Mijn favoriete hobby is het bekijken en analyseren van sportwedstrijden.
Mine FAH-vo-reet-uh hah-bee is het buh-KIGH-tuhn uhn ah-nah-lee-suh-RUHN vahn sport-WEH-drij-vuhn

I like to collect stamps and coins.
Ik verzamel graag postzegels en munten.
Ik FUHRR-zah-mel khrahkh POHST-zeh-gels en MUEN-ten

I enjoy going to the gym and working out.
Ik vind het leuk om naar de sportschool te gaan en te sporten.
Ik vɪnt HET lœk om NAAR de sporSXOLt-school te gaan ɛn te SPORTEN

I like to go fishing and camping.
Ik ga graag vissen en kamperen.
Ik gaa GRAH vissen en KAM-puh-ren

My favorite hobby is playing board games with friends.
Mijn favoriete hobby is het spelen van BOARD games met vrienden.
Mine FAH-voh-ree-teh hobby is het SPAY-lun van BOARD games met VRIN-den.

I love to go to the theater and see live performances.
Ik ga graag naar THEATER en kijk graag naar live optredens.
Ik ga graag naar TAY-uh-ter en kijk graag naar LIEV-uh OPT-ruh-dens

I enjoy attending art exhibitions and museums.
Ik ga graag naar kunsttentoonstellingen en musea.
Ik ga GRAAG naar KUNST-tentoonstellingen en MUS-ea

My favorite hobby is practicing yoga and meditation.
Mijn favoriete hobby is het beoefenen van YOGA en meditatie.
Mine fah-voh-REET-uh hah-BEE is hut buh-oo-FUH-nun vun YOGA en MEH-duh-TAH-sie

I like to do crossword puzzles and other brain teasers.
Ik doe graag kruiswoordpuzzels en andere hersenkrakers.
Ik doo GRAHK kruys-woord-PUUZZELS en ANDERA her-sen-kra-KERZ

I love to read and write poetry.
Ik hou van lezen en schrijven van poëzie.
Ik hau VAN lay-zun en SKRAT-ven van PUH -ee-zee

My favorite hobby is woodworking and carpentry.
Mijn favoriete hobby is houtbewerken en timmeren.
Mein FAH-voh-reet-uh hobby is HOWT-beh-WER-ken en TIM-mer-en

I like to go to the beach and spend time by the water.
Ik ga graag naar het strand en breng graag tijd door aan het water.
Ik ga GRAH naar het STRANT en BRENG grah tijd door an het WATER

I enjoy playing chess and other strategy games.
Ik speel graag schaken en andere STRATEGIE-spellen.
Ik speel graag SCHAKEN en andere STRA-tee-jie-SPELLEN

My favorite hobby is birdwatching and observing wildlife.
Mijn favoriete hobby is het observeren van vogels en dieren in het wild.
Mein FAH-voh-ree-teh hoh-bee is het OHB-sehr-veh-ren fon vor-GELS en DEE-eh-ren in het VILD

I enjoy attending festivals and cultural events.
Ik ga graag naar festivals en culturele evenementen.
Ik ga GRAH naar FESTI-vuls en kult-uu-RELE evene-MENTEN

I love to go to amusement parks and ride roller coasters.
Ik hou ervan om naar pretparken te gaan en achtbanen te rijden.
Ik hau er-VAN om naar pret-PARKEN te gaan en ACHT-ba-nen te RJJ-den

My favorite hobby is collecting vinyl records.
Mijn favoriete hobby is het verzamelen van vinylplaten.
Mijn FAH-vo-riet-uh ho-BIE is het ver-za-MUH-luh-n van VAHYNIEL-plah-ten

I like to go on long road trips and explore new places.
Ik maak graag lange roadtrips en verken nieuwe plekken.
Ik maak graag LAHN-guh ROHD-trips en vuhr-LEK-nuh nyeu-we PLEK-uhn

I enjoy hiking and camping in the mountains.
Ik hou van wandelen en kamperen in de bergen.
Ik hau van WAHN-duh-len en KAHM-peh-ren in de ber-GHEN

My favorite hobby is baking and trying new dessert recipes.
Mijn favoriete hobby is bakken en nieuwe dessertrecepten uitproberen.
Mein FAH-voh-reet-uh hobby is BUK-kuhn en noo-veh DESSERT-reh-sep-ten au-TROO-beh-ren

I like to practice meditation and mindfulness.
Ik beoefen graag meditatie en mindfulness.
ihk BAY-oh-fun grahg MEE-duh-tuh-tie en MIN-duhl-ness.

I love to go to the zoo and see all the animals.
Ik ga graag naar de dierentuin en zie alle dieren.
ik ga GRAAG naar de DIE-ren-TUIN en ZIE al-LE die-REN

My favorite hobby is studying different languages.
Mijn favoriete hobby is het leren van verschillende talen.
MEIN fah-voh-riet-uh HOBBY is het lay-RUHN vahn VURSCHILL-uh-nde-TAAL-uh-n

I enjoy watching documentaries and learning new things.
Ik kijk graag naar documentaires en leer graag nieuwe dingen.
Ik KIJK GRAAG naar DOC-u-men-TAIRES en LEER GRAAG nieuwe DIN-gen

I like to practice yoga and pilates for exercise.
Ik beoefen graag yoga en pilates om te oefenen.
Ik BEH-fen GRAH yoh-GAH en Pih-lah-tes om te OEFEN-nen

I enjoy going to concerts and listening to live music.
Ik ga graag naar concerten en luister graag naar livemuziek.
Ik gaa GRAAH naar KON-sèr-ten en loeister GRAAH naar LIEVE-muu-ziek

My favorite hobby is doing puzzles and brain teasers.
Mijn favoriete hobby is puzzelen en hersenkrakers.
Main FAH-voh-ree-teh ho-BEE ehs PUH-zuh-luhn ehn HEHER-suhn-krah-KERS

I like to go on bike rides and explore new trails.
Ik hou ervan om fietstochten te maken en nieuwe paden te verkennen.
Ik HAU er-van om FEITS-tochten te MAKEN en nieuwe pa-DEN te ver-KENNEN.

I love to read and watch sci-fi and fantasy movies.
Ik hou van lezen en kijk graag naar sciencefiction- en fantasyfilms.
Ik hau van le-ZEN en kijk GRAAG naar SCIENCE-fiction- en FAn-ta-sie-FILMS

I like to go to the park and have picnics with my family.
Ik ga graag naar het park en ga picknicken met mijn gezin.
ik gah KRAAHG naar het PARK en gah PICK-nik-kuhn MET mijn GUH-zin

I enjoy playing board games and card games.
Ik speel graag bordspellen en kaartspellen.
Ik speel KRAA-hg bohrt-SPELL-len en kaart-SPELL-len

My favorite hobby is watching the sunset and taking photographs.
Mijn favoriete hobby is naar de zonsondergang kijken en foto's maken.
Mayn FAH-vo-ree-te hoh-BEE is naar duh ZOHN-sun-der-gang KIK-ken en fo-to's mah-KEN

I like to go to museums and learn about art and history.
Ik ga graag naar musea en leer over kunst en geschiedenis.
Ik GHAH kraahg NAH-rah moo-SEA ayn lehr oh-ver kuhnst en GHEH-skhie-DUHS

I love to cook and experiment with new recipes in the kitchen.
Ik hou van koken en probeer nieuwe recepten uit in de keuken.
Ik how van KOH -ken en PROH-behr NOY-veh reh-SEHP-ten uyt in deh DUH-ken

My favorite hobby is playing the piano and composing music.
Mijn favoriete hobby is piano spelen en liedjes componeren.
Mein FA-vo-rie-te ho-bee is PAA-ah-noh SPAY-lun en LEET-yus KOM-poh-NEH-ren

I like to go to the beach and swim in the ocean.
Ik ga graag naar het strand en zwem in de oceaan.
Ik GAH kraahg naar het STRAHND en ZWENin de oh-see-AHN

I enjoy doing outdoor activities like hiking and camping.
Ik doe graag buitenactiviteiten zoals wandelen en kamperen.
Ik doo kraahg BUY-ten-AHKTIE -vuh-tee-ten zohals WAHN-delen en KAHM-peh-ren

I like to travel and experience different cultures and cuisines.
Ik hou van reizen en verschillende culturen en keukens ervaren.
Ik hou fan rai-ZEN en fer-SKILLEN-duh cul-tuu-ren en KOOH-kens er-va-REN

I enjoy practicing yoga and meditation for relaxation.
Ik beoefen graag yoga en meditatie om te ontspannen.
Ik beyoo-FUHN kraahg yoh-GAH en may-dee-TAHTIE ohm tuh ont-spaan-NUHN

My favorite hobby is horseback riding and taking care of horses.
Mijn grootste hobby is paardrijden en paarden verzorgen.
MEYN groht-STUH ho-bee iss PAAR-dry-duhn en PAAR-duhn vuhr-zor-GHEN

I like to attend live theater performances and musicals.
Ik kijk graag naar live theater en musicals.
Ik KAIYK kraahg naahr LEE-vuh tee-aat-er en moo-see-CALS

I love to watch and play sports, especially basketball.
Ik hou van kijken en sporten, vooral basketbal.
Ik hou VAHN kie-ken en SPOR-ten, voor-ahl bah-SKET-bal

MAKING PLANS

What are you up to this weekend?
Wat ben jij van plan dit weekend?
WAH-t ben yay vahn PLAHN dit weh-KENT?

Let's make plans for Saturday.
Laten we plannen maken voor zaterdag.
Lah-ten wuh PLAN-nen ma-ken VOORza-ter-DAHG

How about we grab dinner on Friday?
Zullen we vrijdag gaan eten?
ZULL-un we vray-DAHG gahn ay-TUN?

Are you free on Saturday afternoon?
Ben je vrij op zaterdagmiddag?
Buhn YUH vr-EY op zah-tuhr-DAHG-mih-DAHG?

Let's get together sometime this week.
Laten we elkaar deze week ontmoeten.
Lah-TUHN wuh ay-LKAH-rh deh-zuh week ont-MOH-tuhn

What's your availability like next week?
Wat is jouw beschikbaarheid voor volgende week?
Waht is JAUW buh-SCHIK -baar-HAIT voor vol-GENDE week?

Can we schedule a time to meet up?
Kunnen we een tijd afspreken om elkaar te ontmoeten?
Kuhn-NUHN weh ayn TAYT af-spray-ken om ay-IKAAH tuh ont-MOET-n.

Let's plan something fun for next weekend.
Laten we iets leuks plannen voor aankomend weekend.
Lah-TUN wuh ihts LUKKS PLAHN-un voor ahn-koh-MUNT wek-uhnt

How about we go for a hike on Sunday?
Zullen we zondag gaan wandelen?
ZULL-un wuh zon-DAHG gahn WAHN-duh-lun?

Let's plan a road trip for next month.
Laten we een roadtrip plannen voor volgende maand.
Lah-TUN weyn ayn ROHD-trip plah-nun voar vol-GUHN-duh MAWNT

Would you like to join us for drinks tonight?
Kom je vanavond gezellig bij ons borrelen?
KOHN yuh VAHN-ah-vont guh-ZEH-lik bye ons bor-ruh-LUN?

Let's catch up over coffee this week.
Laten we deze week koffie drinken.
Laa-TUHN buh day-ZUH week koh-FEE dring-KUHN

What's your schedule like for next weekend?
Hoe ziet jouw schema eruit voor komend weekend?
Hoo ZIET yow SKHAY-ma ay-ruit voor koh-MUHNT wen-DUST?

Let's make a reservation for Friday night.
Laten we een reservering maken voor vrijdagavond.
lah-ten WEYN rə-zehr-ve-RING mah-ken voor vry-DAHG-ah-vont

How about we plan a picnic for Sunday?
Zullen we een picknick plannen voor zondag?
ZULL-UN weyn ayn PICK-nick plah-nun voor zohn-DAHG?

Let's organize a movie night this weekend.
Laten we dit weekend een filmavond organiseren.
Lah-tun WUH dit weh-KENT ayn FEELM-ahvont ORGEH-nuh-zuh-RUN

Would you like to come to a party on Saturday?
Wil je zaterdag naar een feestje komen?
Wil yuh zahter-DAHG naar ayn FAYST-yuh ko-men?

Let's plan a day trip for next weekend.
Laten we een dagje uit plannen voor komend weekend.
Lah-TEN vuh ayn DAHG-yuh owt PLAH-nen voor koh-MEND week-END?

Can we schedule a lunch date next week?
Kunnen we volgende week een lunchafspraak plannen?
Kunnun we VOHL-guhn-duh week ayn LUNSH-af-spraak PLAN -nun?

Let's make reservations for brunch on Sunday.
Laten we reserveren voor de brunch op zondag.
LAH-ten weh ruh-ZEHR-veh-ren voor deh BRUH-nch op zon-DAHGH

How about we go to a concert next month?
Wat dacht je ervan om volgende maand naar een concert te gaan?
Waht DACHT yuh ur-vahn ohm FOHL-ghen-duh MAWNT naar ayn kon-SERT tuh GAHN?

Let's plan a weekend getaway soon.
Binnenkort plannen we een weekendje weg.
Bih-nen-KOHRT PLAH-nen wey ayn wuh-KENT-yuh WEG

What do you think about meeting up for dinner tonight?
Wat dacht je van afspreken voor een etentje vanavond?
Waht DAHGT yuh vahn ahf-SPREH-ken voor ayn ay-ten-CHUN VHA-nahvond?

Let's schedule a meeting for next week.
Laten we een afspraak maken voor volgende week.
Lah-TUN wuh ayn AHF-spraahk MAH-ken voor vol-GUHN-duh week

How about we take a cooking class together?
Zullen we samen een kookles volgen?
ZULL-un weh sah-MUN ayn kohk-lus vol-GHUN?

Let's plan a beach day for next weekend.
Laten we een stranddag plannen voor komend weekend.
LAY-tuhn weh AYN strand-dag PLAHN-nuhn voor KOH-muhnd WEE-kend.

Would you like to go hiking with me next Saturday?
Heb je zin om aanstaande zaterdag met mij te gaan wandelen?
Hep YUH zin ohm ahn-STAHN-duh zah-tur-DAHGH met may tuh gahn wahn-duh-LUHN?

How about we have a game night this Friday?
Zullen we deze vrijdag een spelletjesavond houden?
ZULL-len weh dey-zuh vry-DAGH ayn spel-leh-TJUS-ah-vohnt HOHW-den?

Let's plan a road trip for next month.
Laten we een roadtrip plannen voor volgende maand.
LAY-tuhn weh AYN rohd-trip PLAHN-nuhn voor VOL-uh-nde maand.

What are your plans for the weekend?
Wat zijn jouw plannen voor het weekend?
Waht zyn jouw PLAH-nuhn voor het WEEK-end?

Would you like to grab a coffee sometime?
Wil je een keer koffie drinken?
WIL je eyn keer KOF-fie DRIN-ken?

Would you like to join me?
Zou je willen meedoen?
ZOU je WIL-len mee-DOEN?

How about we catch a movie later?
Zullen we later een film kijken?
ZUH-lun vuh LAY-tuhr un film KIJK-un?

Let's plan a dinner party next week
Laten we volgende week een etentje plannen
LAAT-n luh vol-UHNDUH week un uhtuntjuh PLUNN-uh?

What day works for you?
Welke dag past voor jou?
VELL-kuh DAHG past voor YOW?

I was thinking we could go to the beach.
Ik dacht dat we naar het strand konden gaan.
Ik DAXT dat wə naar ət strant kon-DEN YAN?

Do you want to grab lunch together tomorrow?
Morgen samen lunchen?
MOR-ghun suh-men LUN-chun?

Do you want to try it out this weekend?
Wil je het dit weekend uitproberen?
Wil YUH hut dit week-UHND owt-proh-BEN-ren?

Let's plan a hiking trip soon.
Laten we binnenkort een wandeltocht plannen.
LAAT-en we bin-nen-KORT een wan-del-TOCHT PLAN-nen?

What trail do you want to go to?
Naar welk pad wil je gaan?
Naa-r welk pad WIL je gaan?

Are you interested in attending this concert next month?
Heb je interesse om volgende maand dit concert bij te wonen?
Huh buh yeuh in-TEH-res-SEH om vol-GUHN-de maand dit KUHN-sert bay teh WOH-nen?

TALKING ABOUT DAILY ROUTINES

What time do you wake up?
Hoe laat word je wakker?
Hoo laht VORD juh wah-KER?

Do you have a morning routine?
Heb jij een ochtendroutine?
Hab JYeen OCHTEND-routine?

Do you exercise daily?
Sport je dagelijks?
SPORT je DA-ge-lijks?

What time do you go to bed?
Hoe laat ga je naar bed?
HOO leet ga ye naar BET?

What's your favorite part of your daily routine?
Wat is je favoriete onderdeel van je dagelijkse routine?
WAH-t is je FAV-ori-ete ONDER-deel van je DAGELI-jkse ROUTINE?

Do you have any daily hobbies or activities?
Heeft u dagelijkse hobby's of bezigheden?
HEEFT u daa-ge-LIJK-se HOB-by's of be-ZIG-he-den?

Would you like to change anything about your daily routine?
Zou je iets willen veranderen aan je dagelijkse routine?
Zau ye IETS willen FERANDEREN an ye DANGEL-ijkse routine?

I commute to work/school.
Ik pendel naar werk/school.
Ik pen-DUHL naar wairk/SKOOL

I take a walk during my lunch break.
Tijdens mijn lunchpauze ga ik wandelen.
Tay-DUNS mayn luhnsh-PAU-zuh gah ik WAHN-duh-LUN

I continue working/studying in the afternoon.
Ik blijf werken/studeren in de middag.
Ik bleyf WER-ken/STU-de-ren in de mid-DAHG

I have a snack in the afternoon.
Ik heb een middagsnack.
Ik heb ayn MIH-dahg-SNACK

I commute back home.
Ik ga terug naar huis.
Ik gah TUHR-ug naar HOUS

I read a book in the evening.
Ik las 's avonds een boek.
Ik lahs s ah-VUHNDS ayn BOEK

I take a bath or shower before bed.
Ik neem een bad of douche voor het slapengaan.
Ik neem ayn BAHD of dou-SJUH voor het slaap-un-GAAN

I brush my teeth before bed.
Ik poets mijn tanden voor het slapen gaan.
Ik POETS mijn tanden voor het SLAH-pen GAHN

I go to bed at...
Ik ga naar bed om...
Ik GAH naar bet OHM

I fall asleep quickly.
Ik val snel in slaap.
ICK vahl SNEL in SLAAP

I wake up in the middle of the night.
Midden in de nacht word ik wakker.
MIDDEN in de NAHGGT wohrd ik WAHK-ker.

I have trouble falling back to sleep.
Ik heb moeite om weer in slaap te vallen.
Ik heb MOE-te om WEER in slaap te FAL-lun

GIVING AND ASKING FOR ADVICE

In my opinion, you should...
Volgens mij moet je...
Vol-GHENS may moet YUH

From my experience, I would recommend that you...
Op basis van mijn ervaring raad ik je aan...
Op BAH-sis van mijn uhr-VAH-ring raad ik yuh AHN

If I were in your shoes, I would...
Als ik in jouw plaats was, zou ik...
Als ik in yow PLAHS was, ZOU ik

One possible solution could be...
Een mogelijke oplossing zou kunnen zijn...
Eyn moh-KHUH -luh ohp-LOSSING zow ku-nuhn ZAYN

I think it would be a good idea to...
Ik denk dat het een goed idee zou zijn om...
Ik DENGK dat het ayn KHOODee-duh zoh ZYNohm..

Why don't you try...
Waarom probeer je niet...
WAH-rom PROH-beer yuh NEET...

It might be helpful to...
Het kan handig zijn om...
HETkan HAHN-dich sain OHM...

What do you think I should do?
Wat denk jij dat ik moet doen?
Waht DENGK yay DAT ik must DOON?

Can you give me some advice on this?
Kunt u mij hierin advies geven?
KUNT uu m-ay HIER-in ahd-veys GHUH-vun?

I'm not sure what to do, can you help me out?
Ik weet niet goed wat ik moet doen, kunnen jullie me helpen?
Ik weet neet KHUNT wat ik moet DOEN, koenen YULIE muh HELPEN?

Do you have any suggestions for me?
Heb je suggesties voor mij?
Heb yuh SUH-ges-tyes FOHR may?

What would you do in my situation?
Wat zouden jullie doen in mijn situatie?
WAHT zouden YULLIE doen in mijn SITUATIE?

Could you give me your opinion on this matter?
Kunt u mij uw mening geven over deze kwestie?
Kunt uu may yuu MAE-yin-gh khay-VUHN oh-vuhr DAY-zuh KWES-tee?

What's your take on this?
Wat is jouw mening hierover?
VATiss yo mae-NING hai-ROEFER?

Can you offer any insights on this issue?
Kunt u enig inzicht geven in deze kwestie?
KUHNT uu ay-nuh khzicht kh-ay-VUHN in day-zuh KHWES-tie?

I'd appreciate your input on this.
Ik zou uw inbreng hierover op prijs stellen.
Ik ZAU uw in-breng HIER-over op prijs STEL-len

Do you have any recommendations?
Heeft u aanbevelingen?
HEYFTuu AHN-beh-veh-LEHNG-uhn

What's your advice on how to handle this?
Wat is uw advies om hiermee om te gaan?
Wat is uuw ADVIES oom HIE-rmee oom te GAAN?

Can you share any wisdom on this topic?
Kun je enige wijsheid over dit onderwerp delen?
Koon ye en-uh-GHUH wy-zuh-HAIT oh-ver dit on-der-WERP duh-LUN?

I'm seeking some guidance, can you point me in the right direction?
Ik ben op zoek naar wat begeleiding, kun je me in de goede richting wijzen?
Ik ben op ZOOK naar wat buh-guh-lay-DING, koon YUH muh in de GOO-duh rig-TING vy-ZUHN?

I think you should...
Ik denk dat je moet...
Ik DENGK dat yuh MOHT.

My advice would be to...
Als ik jou was zou ik...
AHLS ik yow WAHS zoh IK

If I were you, I would...
Als ik jou was zou ik...
AHLS ik yow WAHS zow ik

What do you think I should do?
Wat denk jij dat ik moet doen?
WAHT dehngk yai dat ik must DOON?

Can you give me some advice on...?
Kunt u mij advies geven over...?
KUHNT uu may ad-VEYS GHUH-ven oh-ver?

I'm not sure what to do, what would you suggest?
Ik weet niet zeker wat ik moet doen, wat zouden jullie aanraden?
ik WEEK neet zeh-ker wat ik moet DOEN, wat ZOU-den yoo-lee AHN-rah-den?

TALKING ABOUT LIKES AND DISLIKES

**Insert the noun where applicable*

I really like [NOUN].
Ik hou echt van [ ].
ik HOW EG-t fan [ ].

[NOUN] is one of my favorite things/people
[ ] is een van mijn favoriete dingen/mensen
[ ] is ayn van myn fah-vo-ree-teh ding-un/ie-mahnt is ayn van myn fah-vo-ree-teh meh-sun

I'm really into [NOUN].
Ik ben echt in [ ].
Ik BEN EHGT in [ ]

I'm not a big fan of [NOUN].
Ik ben geen grote fan van [ ].
Ik ben KHEEN grote FAHN von [ ].

[NOUN] isn't really my thing.
[ ] is niet echt mijn ding.
[ ] is NEET egt mijn DING/ie-MAND is neet egt MIJN ding

I don't really care for [NOUN].
Ik geef niet echt om [ ].
Ik GHEEF neet AYGHT ohm [ ].

[NOUN] is okay, but it's not my favorite.
[ ] is oké, maar het is niet mijn favoriet.
[ ] is oh-KAY, maar HET is neet MAYN fah-voh-REET?

I love [NOUN]! It's the best.
Ik hou van [ ]! Het is het beste.
Ik hou van [ ]! het is het beh-STUH

[NOUN] is pretty good, but it's not great.
[NOUN] is redelijk goed, maar het is niet geweldig.
[ ] is ruh-duh-luk KHOOT, maar het is neet guh-VAYL-dig"

[NAME OF PERSON] is really cool. I enjoy spending time with them.
[ ] is echt cool. Ik breng graag tijd met ze door.
[ ] iss ehgt kool. ik BRENG krahg TAYD met zuh DOOR

I really like it.
Ik vind het erg leuk.
Ik VINT het erch LEW-k

I'm a big fan of it.
Ik ben er een grote fan van.
Eeck been er un GRO-teh fan vahn

I'm fond of it.
Ik ben er dol op.
EECK been er DOL op

It's one of my favorites.
Het is een van mijn favorieten.
Het is EEN van mijn fa-vo-RIE-ten

I enjoy it.
Ik geniet ervan.
Ik kh-NIET EYR-van

It's right up my alley.
Het is precies in mijn straatje.
Het is PRE-cies mijn ding

It's right up my street.
Het is in mijn straatje.
Het licht PRE-cies in mijn STRAAT-je.

I'm really into it.
Ik heb er echt zin in.
Ik hehb er ECHT zin in

I'm crazy about it.
Ik ben er gek op.
ik ben er GEK op

I can't get enough of it.
Ik kan er geen genoeg van krijgen.
Ik kahn ur geen huh-NUG van kray-GHUN

It's my cup of tea.
Het is mijn kopje thee.
Het is mijn KOP-ye thee.

It's my jam.
Het is mijn jam.
Het is mijn DZJEM

It's my thing.
Het is mijn ding.
Hut iss m-SYE-n ding

I have a soft spot for it.
Ik heb er een zwak voor.
Ik heb er un ZWAK FOAR

It's my go-to.
Het is mijn go to.
Het is mijn go-to

I don't like it.
Ik vind het niet leuk.
Ik vint het neet LOYK

It's not my cup of tea.
Het is niet mijn kopje thee.
Het is neet mijn KOP-ye tay.

I can't stand it.
Ik kan er niet tegen.
Ik kahn er niet TEG-hen

It's not for me.
Het is niet voor mij.
Hut ISS neet vor MAY

I have a strong aversion to it.
Ik heb er een sterke afkeer van.
Ik hehb ur un SHER-kuh af-KUHR vahn

I'm not a fan of it.
Ik ben er geen fan van.
Ik ben er KHEEN fahn VON

It doesn't appeal to me.
Het spreekt mij niet aan.
Het SPRE-kht may neet ahn

It's not my thing.
Het is niet mijn ding.
Het is neet mijn DING.

It's a turn-off for me.
Het is een afknapper voor mij.
hut is un af-knap-pur foar mij

I find it unpleasant.
Ik vind het onaangenaam.
Ik vind het on-aan-GENAAM

It bothers me.
Het stoort me.
Het STOHRT muh

It rubs me the wrong way.
Het wrijft me de verkeerde kant op.
Het wruyft muh duh CUHR-kuhrr-duh KAHNT op

EXPRESSING AGREEMENT OR DISAGREEMENT

I agree with you.
Ik ben het met je eens.
ik BEN het met yuh AYNS

That's exactly what I was thinking.
Dat is precies wat ik dacht.
Dut is pray-SAYS vat ik DAHGT

I couldn't have said it better myself.
Ik had het zelf niet beter kunnen zeggen.
Ik HAHD het zelf neet beter kuh-nen ZEHGH-un

I see your point.
Ik begrijp je punt.
Ik buh-GRYP yuh PONT

You're absolutely right.
Je hebt helemaal gelijk
YUH hebt heh-leh-MAHL ghuh-LIKH

I couldn't agree with you more.
Ik ben het helemaal met je eens.
Ik ben hut HAY-luh-maal met juh AYNS

That makes perfect sense to me.
Dat klinkt helemaal logisch voor mij.
Dat klinkt HAY-luh-maal loh-gish voor mij

I'm with you on this one.
Ik ben het met je eens.
Ik ben hut met juh AYNS

I see things the same way.
Ik zie het ook zo.
Ik zie hut ook zoh

You're spot on.
Je hebt helemaal gelijk.
Juh hebt HAY-luh-maal ghuh-LUK

I see where you're coming from, but I disagree.
Ik begrijp waar je vandaan komt, maar ik ben het er niet mee eens.
Ik buh-GHREYP waar yuh vahn-DAAN kohmt, maar ik ben het er NIET meh AYNS

I'm not sure I agree with that.
Ik weet niet zeker of ik het daarmee eens ben
IK weet NIET ze-KER of ik het DAAR-mee EENS ben

I'm not convinced.
Ik ben niet overtuigd.
Ik ben NEET oh-ver-TWEEGD

I'm afraid I don't agree with you.
Ik ben bang dat ik het niet met je eens ben.
Ik ben bang dat ik hut niet met juh AYNS ben

That's not how I see it.
Zo zie ik het niet.
Zoh zie ik hut niet

I respectfully disagree.
Ik ben het niet met je eens.
Ik ben hut niet met juh AYNS

That's not my understanding.
Zo begrijp ik het niet.
Zoh buh-GRAYP ik hut niet

MAKING EXCUSES

I'm sorry, I can't make it to the meeting tomorrow.
Het spijt me, ik kan morgen niet naar de vergadering.
WELKE kluhr HEFT de LUHGT op een hel-DUH-re dag?

I wish I could help, but I'm already swamped with work.
Ik wou dat ik kon helpen, maar ik zit al overstelpt met werk.
Ik WAU dat ik kon HELPEN, MAARRik zit al OVER-stelpt met werk

I'm sorry, but I won't be able to stay for the whole event.
Het spijt me, maar ik kan niet het hele evenement blijven.
Hut SPY-t may, MAHRick kahn nut hut hay-LUH u-veh-nuh-MUNT bl-eye-VUN

I wish I could come
Ik wou dat ik kon komen,
Ik VAU dat ik kon koh-MEN

Unfortunately, I already have plans that night.
Helaas heb ik al plannen die avond.
Ha-las HEP ik al PLAN-nen die a-VOUND.

I'm sorry, but I have to work late that day.
Het spijt me, maar ik moet laat werken die dag.
Het SPAIT meh, maahr ick moet laht VURKENdee dag.

I'm sorry, but I have a conflict that day
Het spijt me, maar ik heb een conflict die dag
Het SPAIT muh, maar ik hev un KON-flikt dee DACH

I'm sorry, but I have a prior commitment.
Het spijt me, maar ik heb een voorafgaande toezegging.
Ik VIND het YAM-mer, maar ik heb al een ANDERA afspraak

Unfortunately, I won't be able to make it.
Helaas zal ik er niet bij kunnen zijn.
Huh-LAHS zal ICK er NIET bai kuh-nen ZIN

I'm really sorry, but I have to attend to something else.
Het spijt me echt, maar ik heb iets anders te regelen.
Hut SPAY-t muh AYCHT, mahr ik hehb iets ANDERA tuh ruh-huh-LUHN

I apologize, but I won't be able to attend.
Sorry, maar ik kan er niet bij zijn.
Sorry, MAA-r ik kahn er NIET by zijn.

I'm afraid I can't come due to personal reasons.
Ik ben bang dat ik om persoonlijke redenen niet kan komen.
Ik ben BAHNG dat ick om PERSOON-lijke RUHD-eenun niet kan KOH-mun

Regrettably, I won't be able to make it.
Helaas zal ik er niet bij kunnen zijn.
He-LAAS zal ik er niet bij KUN-nen zijn

I'm sorry, but something urgent came up.
Het spijt me, maar er is iets dringends tussengekomen.
Het SPAIT meh, mahr er is IETS dringends TUSS-engek-omen

I apologize, but I won't be able to attend.
Sorry, maar ik kan er niet bij zijn.
SOHR-ree, MAAR ick kahn er niet by zijn

I'm afraid I have to decline due to unforeseen circumstances.
Ik ben bang dat ik door onvoorziene omstandigheden moet afzeggen.
Ik ben bang dat ik MOET afzeggen VAN-wege on-VOOR=zien-e omstandig-HEDEN

I'm sorry, but I have a family emergency to attend to.
Het spijt me, maar ik heb een noodgeval in de familie.
hut SPAYT muh, MAAR ik hebb uhn NOOD-guh-val in duh FAM-eel-yuh

Unfortunately, I won't be able to make it due to transportation issues.
Helaas kan ik er door vervoersproblemen niet bij zijn.
Huh-LAHS kahn ik UHR door VUHR-voors-proh-ble-muhn NAYT bay zyn

I'm sorry, but I have a prior engagement that I can't miss.
Het spijt me, maar ik heb een eerdere afspraak die ik niet mag missen.
Het SPAYT me, maar ik hef uhn EER-de-re AF-spraak die ik niet mag MIS-sen.

I'm afraid I can't come due to health reasons.
Ik ben bang dat ik wegens gezondheidsredenen niet kan komen.
Ik ben bahng dat ick VEG-uns khay-zons-ruh-DAY-nun nut khan KOM-un

I wish I could, but I have a deadline to meet.
Ik wou dat ik het kon, maar ik heb een deadline te halen.
Ik wout dat ik ut KON, maahr ik HEHB een deadline te haa-LUHN

I'm sorry, but I won't be able to attend because of a work obligation.
Het spijt me, maar ik kan niet aanwezig zijn vanwege een werkverplichting.
Het SPIJT meh, maahr ick KAHN niet aan-WEH-zig zijn VAHN-weh ehn werk-ver-PLIECH-ting

I apologize, but I have to take care of something important.
Het spijt me, maar ik moet iets belangrijks regelen.
Het SPAIT may, MAER ick moet iets BELAN-guhrijks RUH-huh-len

I'm afraid I won't be able to make it because of financial constraints.
Tenho receio de não poder vir devido a restrições financeiras.
TEHN-yoo reh-SAY-oh jee noun poh-DEHR veer deh-VEE-doh ah rehs-tree-SEWNSS fih-nahn-SEH-rahss

I'm sorry, but I have a conflicting commitment that day.
Lo sinto, mas tenho um compromisso que conflita com esse dia.
(loh SEEN-too, mahs TEHN-yoo oong kohm-pree-MEE-soo keh kohn-FLEE-tah kohm EH-see DEE-ah)

I'm sorry, but I'm not feeling well and won't be able to attend.
Lo sinto, mas não estou me sentindo bem e não poderei comparecer.
Loh SEEN-too, mahs noun EH-stoh meh sen-TEEN-doh beeng ee noun poh-deh-RAY kohm-pah-REH-sair

I'm sorry, but I already made other plans for that day.
Lo sinto, mas já fiz outros planos para esse dia.
Loh SEEN-too, mahs jah feez OHN-troos PLAH-noos pah-rah EH-see DEE-ah

I'm afraid I won't be able to come because of personal reasons.
Tenho receio de não poder vir devido a motivos pessoais.
TEHN-yoo reh-SAY-oh jee noun poh-DEHR veer deh-VEE-doh ah moh-TEE-vohs peh-SOY-ays

I'm sorry, but I have a doctor's appointment that day.
Lo sinto, mas tenho uma consulta médica nesse dia.
Loh SEEN-too, mahs TEHN-yoo OO-mah kohn-SOOL-tah MEH-dee-kah NEH-see DEE-ah

I apologize, but I have unexpected circumstances to deal with.
Peço desculpas, mas tenho circunstâncias inesperadas para lidar.
PEH-soh dess-KOOL-pahs, mahs TEHN-yoo seer-koon-stahn-see-AHS een-eh-speh-RAH-dahs pah-rah lee-DAHR

I'm afraid I won't be able to attend due to a personal emergency.
Tenho receio de não poder comparecer devido a uma emergência pessoal.
TEHN-yoo reh-SAY-oh jee noun poh-DEHR kohm-pah-REH-sair deh-VEE-doh ah OO-mah eh-mehr-JEN-see-ah peh-SOY-ahl

I'm sorry, but I have a prior engagement that I can't cancel.
Lo sinto, mas tenho um compromisso anterior que não posso cancelar.
Loh SEEN-too, mahs TEHN-yoo oong kohm-pree-MEE-soo ahn-teh-YOHR kee noun POH-soo kahn-sah-LAHR

I'm sorry, but I have to take care of my pet that day.
Lo sinto, mas tenho que cuidar do meu animal de estimação nesse dia.
Loh SEEN-too, mahs TEHN-yoo keh koo-ee-DAHR doh MEH-ooh ah-nee-MOWL deh eh-stee-mah-SAWN NEH-see DEE-ah

I'm afraid I can't attend due to transportation issues.
Tenho receio de não poder comparecer devido a problemas de transporte.
TEHN-yoo reh-SAY-oh jee noun poh-DEHR kohm-pah-REH-sair deh-VEE-doh ah proh-BLEH-mahss deh trahn-spor-teh

I'm sorry, but I have a work obligation that day.
Lo sinto, mas tenho uma obrigação de trabalho nesse dia.
Loh SEEN-too, mahs TEHN-yoo OO-mah oh-bree-gah-SAWN dee trah-BAH-lyoo NEH-see DEE-ah

I apologize, but I simply can't make it that day.
Peço desculpas, mas simplesmente não posso ir nesse dia.
PEH-soh dess-KOOL-pahs, mahs seem-PLYS-mehn-tee noun POH-soo eer NEH-see DEE-ah

ASKING AND GIVING PERMISSION

Is it okay if I leave work early today?
Is het goed als ik vandaag eerder wegga van mijn werk?
Is het GOETals ick VAND-aag eerder wekga van mijn WERK?

Can I use your computer for a few minutes?
Mag ik uw computer een paar minuten gebruiken?
MACH ik oow kuh-MPJUTER un paar mie-NUHTEN gebruyken?

Can I borrow your pen, please?
Kan ik je pen lenen alsjeblieft?
Kahn ik yay pen LUH-nun ALS-yuh-BLEEFT.

May I use the restroom?
Mag ik het toilet gebruiken?
Mahg AIK hut twa-let GHE-bru-IKEN?

Could I leave work a bit early today?
Kan ik vandaag wat vroeger van mijn werk vertrekken?
KAN ick van-DAG wat VROEGER van mijn werk ver-TERK-ken?

Would it be okay if I took a day off next week?
Vind je het goed als ik volgende week een vrije dag neem?
VIND ye hut khood als ik volg-ende week un vree-uh dag neem?

Is it alright if I take a photo of this painting?
Is het goed als ik een foto maak van dit schilderij?
Is het GOED als ik een FOTO maak van dit SCHIL-derij?

Can I speak with your supervisor, please?
Kan ik uw leidinggevende spreken, alstublieft?
KAHN ik ooh LEID-nghe-hven-de SPREAKO-hun, ALS-tub-lieft?

May I have your permission to share this information?
Mag ik uw toestemming om deze informatie te delen?
MAH-gh ik uu toh-STUHM-ming ohm DEH-zuh in-FOHR-maa-sieh tey DEH-len?

Would it be possible for me to borrow your car?
Zou het mogelijk zijn voor mij om uw auto te lenen?
Zow HET mogeluk zijn VOOR mij om uw auto te LENEN?

Do you mind if I turn on the air conditioning?
Vind je het erg als ik de airconditioning aanzet?
Vind ye het ERGH als ik de AIR-conditioning AAN-zet?

Is it okay if I invite a friend to dinner tonight?
Is het goed als ik een vriend uitnodig voor een etentje vanavond?
Is het HOOT als ick un vreint OETNOO-dich foor un ETEN-tjuh VANA-vond?

Can I use your phone for a quick call?
Kan ik je telefoon gebruiken voor een kort gesprek?
Kun ick yay TELE-foon ge-brui-ken VOOR un kort juh-SPREK?

Would you allow me to bring my dog inside?
Mag ik mijn hond mee naar binnen nemen?
Mahy ihk MAYN hond may nar BIN-nen nay-MUN?

May I have your permission to use this photograph in my presentation?
Mag ik uw toestemming om deze foto te gebruiken in mijn presentatie?
MAH-gh ik oow TOOSR-emming om DEEZE foto te GEBRUY-ken in mijn PRE-zen-tatie?

Can I leave my coat here while I run errands?
Kan ik mijn jas hier laten terwijl ik boodschappen doe?
Kan ick mijn yas HIER laaten TER-wijl ick BOOD-schappen DOE?

Would it be alright if I parked my car in your driveway?
Vindt u het goed als ik mijn auto op uw oprit parkeer?
VINT uu het KHOOD als ik mijn AUTO op uw oprit PARKEER

Yes, you can leave work a bit early today.
Ja, je kunt vandaag wat vroeger van je werk vertrekken.
Yah, yuh KUNT vandaag wat VROE-ger van yuh werk vur-TREK-kuh

Yes, it's okay for you to take a day off next week.
Ja, het is prima als je volgende week een vrije dag neemt.
Yah, het is PREE-mah ahlz ye FOHL-ghuhn-duh VEEK-uh dahg NEEMT

Yes, you can speak with my supervisor.
Ja, u kunt met mijn leidinggevende spreken.
Ya, uu KUNT met mijn LIDING-hu-ven-duh SPREH-ken?

Certainly, you have my permission to share this information.
Natuurlijk heb je mijn toestemming om deze informatie te delen.
Na-TUUR-lijk heb je mijn toe-STEM-ming om DEE-ze in-for-ma-TIE te de-LEN

Yes, it's possible for you to borrow my car.
Ja, het is mogelijk om mijn auto te lenen.
Yah, HET is MOG-uh-lijk om mijn AU-to te LENEN?

No problem, go ahead and turn on the air conditioning.
Geen probleem, ga je gang en zet de airconditioning aan.
Kheen PROH-blemm, gaa ye HAHNG en zet de air-KONDISIE-ohning AHN

Yes, you can invite your friend to dinner tonight.
Ja, je kunt je vriend uitnodigen voor een etentje vanavond.
Yah, yay KUNT yay FRYNT oet-noo-DEGEN voor un ay-TENT-yuh VANA-vond

Sure, you can use my phone for a quick call.
Tuurlijk, je kunt mijn telefoon gebruiken voor een snel gesprek.
Tur-luk, ye kunt MAIN te-luh-FOON ge-bru-IKEN voor un snel guh-SPREK.

Yes, I'll allow you to bring your dog inside.
Ja, ik sta toe dat je je hond mee naar binnen neemt.
Yah, ik STAH toe dat YUH yuh HOND may naar bin-nen NAYMT

Yes, you have my permission to use this photograph in your presentation.
Ja, u heeft mijn toestemming om deze foto te gebruiken in uw presentatie.
Yah, uu heft MAYN toe-STEN-ming om DEZULfo-toe te ge-BRUKIEN in uw PRE-sen-ta-tie?

Yes, you can leave your coat here while you run errands.
Ja, u kunt uw jas hier laten terwijl u boodschappen doet.
Yah, uu KUHNT uu yahs heer laa-UHN tuhr-wyl uu BOOD-shaap-PUHN DOOT?

Yes, it's alright for you to park your car in my driveway.
Ja, u kunt uw auto op mijn oprit parkeren.
Yah, uu KUNT uuw AUTO op mijn oh-priht pahr-KEREN?

MAKING COMPARISONS

How does this compare to that?
Hoe verhoudt dit zich daarmee?
HOO vuhrr-HOWDT dit zich dah-ME?

Which one do you think is better?
Welke denk je dat beter is?
Wel-KUH denk yuh dat BEH-ter is?

In what ways are these two things alike or different?
In welke opzichten zijn deze twee dingen gelijk of verschillend?
In wel-KUH op-ZICH-ten zijn dee-zuh too-uh din-gen GHELUK ohf fer-schil-LEND?

Which one do you prefer, X or Y?
Welke heeft jouw voorkeur, X of Y?
Wel-kuh HEHFT yow voor-KUGR, X of Y?

What are the advantages and disadvantages of each option?
Wat zijn de voor- en nadelen van elke optie?
WAH-t zijn duh voor- en NADUH-len van el-KUH op-SIE?

What are the pros and cons of each alternative?
Wat zijn de voor- en nadelen van elk alternatief?
WAH-t zain duh voor in nah-DEH-len vahn elk ahl-ter-nah-TEEF?

**Insert X and Y with the applicable person, place or thing you wish to compare.*

X is bigger than Y
X is groter dan Y
Eks is GROH-ter DAN ij

Y is smaller than X
Y is kleiner dan X
Ij is KLEY-nuhr DAN eks

X is heavier than Y
X is zwaarder dan Y
Eks is ZWAAR-der DAN ee

Y is lighter than X
Y is lichter dan X
Ij is LICHTER DAN eks?

X is faster than Y
X is sneller dan Y
Eks is SNELLER DAN ij

Y is slower than X
Y is langzamer dan X
Ij is LANG-zah-mer DAN eks

X is stronger than Y
X is sterker dan Y
Ij is LANG-zah-mer DAN eks

Y is weaker than X
Y is zwakker dan X
Ij is ZVAK -ker DAN eks?

X is better than Y
X is beter dan Y
eks is BE-tuhr DAN Ij

Y is worse than X
Y is erger dan X
Ij is ERGER DAN eks?

X is more beautiful than Y
X is mooier dan Y
Eks is MOH-ier DAN ij

Y is less beautiful than X
Y is minder mooi dan X
Ij is MIN-der moh-ee DAN eks

X is taller than Y
X is groter dan Y
Eks is GROH-ter DAN ij?

Y is shorter than X
Y is lager dan X
Ij is groter DAN eks

X is more intelligent than Y
X is slimmer dan Y
Eks is SLIMMER DAN ij

Y is less intelligent than X
Y is minder intelligent dan X
Ij is min-DER in-tel-li-jent DAN eks?

X is more talented than Y
X is meer getalenteerd dan Y
Eks is meer GUH-tuh-len-teerd DAN ij

Y is less talented than X
Y is minder getalenteerd dan X
Ij jis minder guh-tah-len-teerd DAN eks

X is more interesting than Y
X is interessanter dan Y
Eks is IN-ter-ES-sant DAN ij

Y is less interesting than X
Y is minder interessant dan X
Ij is MIN-der IN-ter-ES-sant dDAN an eks

X is more exciting than Y
X is spannender dan Y
Eks is SPAN-nen-der DAN ij

Y is less exciting than X
Y is minder spannend dan X
Ij iss MIN-der SPAN-nend DAN eks

X is more fun than Y
X is leuker dan Y
Eks is LOKER DAN ij

Y is less fun than X
Y is minder leuk dan X
Ij es MIN-der loyk DAN eks

X is more expensive than Y
X is duurder dan Y
Eks is DOOR-der DAN ij

Y is less expensive than X
Y is goedkoper dan X
Ij is GOED-koh-per DAN eks

X is more affordable than Y
X is toegankelijker dan Y
Eks is TOE-han-ke-li-jker DAN ij

Y is less affordable than X
Y is minder toegankelijk dan X
Ij is MINDER toegankelijk DAN eks

EXPRESSING GRATITUDE AND APOLOGIES

Thank you so much!
Ontzettend bedankt!
Ont-ZET-tend buh-DAHNKT.

Thanks for being there for me.
Bedankt dat je er voor me bent.
Be-DAHNGKT dahd yuh ur FOAR muh BENT?

I can't thank you enough.
Ik kan je niet genoeg bedanken.
Ik kan yuh neet GUH-noch buh-DAHN-ken

Thank you for your kindness.
Bedankt voor je vriendelijkheid.
Buh-DAHNKT fohr yuh VREE-uhn-dul-KHKHAIT?

Thank you from the bottom of my heart.
Bedankt uit de grond van mijn hart.
buh-DAHNGKT out duh KHROOND fon main HAHRT

Thanks a million!
Hartstikke bedankt!
HAHRT-stik-kuh buh-DAHNGKT

I'm sorry.
Het spijt me.
Het SPEYT meh

I apologize.
Ik bied mijn excuses aan.
Ik beet mijn EHK-soo-SEHS ahn

Please forgive me.
Vergeef me alsjeblieft.
Vur-GHEEF muh ahl-SHJH-bleeft

I take full responsibility.
Ik neem de volledige verantwoordelijkheid.
Ik NEHM duh vol-LEH-dih-ge vuh-rant-WROOD-uh-likh-HYT

I regret my actions.
Ik heb spijt van mijn acties.
Ik HEHB SPAYT vahn mijn ahk-TEES

I didn't mean to hurt you.
Het was niet mijn bedoeling om je pijn te doen.
Het WAHS neet mijn BUH-doh-ling ohm yuh PAYN tuh doon

I promise to make it up to you.
Ik beloof dat ik het goed met je zal maken.
Ik buh-LOHF dat ik het KHOOT met yuh zal MAH-ken

I understand if you don't forgive me.
Ik begrijp het als je me niet vergeeft.
Ik buh-GREYP het AHLS yuh muh neet vur-GHEHFT

I really appreciate your help.
Ik waardeer je hulp enorm.
Ik WA-ar-deer yuh HELP enorhm

I can't thank you enough for what you've done.
Je hebt geen idee hoeveel dit voor me betekent.
Yuh hebt gen i-DEE hoe-VEEL dit voor muh buh-KEHNTs

You have my sincere gratitude.
Ik ben oprecht dankbaar voor jou.
Ik ben ohp-REHKT DANK-baar voor yoh

I'm so grateful for your kindness.
Ik ben zo dankbaar voor je vriendelijkheid.
Ik ben zo DANK-baar voor yuh VRYEND-elukh-heyt

I'm truly thankful for your support.
Ik ben echt dankbaar voor je steun.
Ik ben ECHT DANK-baar voor yuh stuhyn

I can't express how grateful I am.
Ik kan niet uitdrukken hoe dankbaar ik ben.
Ik kan niet uyt-DROK-ken hoe DANK-baar ik ben

I'm indebted to you for your generosity.
Ik ben je dankbaar voor je vrijgevigheid.
Ik ben yuh DANK-baar voor yuh VRY-ghuh-vik-heyt

I'm blessed to have you in my life.
Ik ben gezegend om jou in mijn leven te hebben.
Ik ben guh-ZEHG-uhnd om yoh in mijn LEE-vuhn te HAH-vuhn

Your help has been invaluable to me.
Jouw hulp is onbetaalbaar voor me.
Yoh HELP is on-buh-TAHL-baar voor muh

You're a true lifesaver, thank you.
Je bent een echte levensredder, bedankt.
Yuh bent eyn ECH-te LEV-uhns-redduhr, buh-DANKT

I'll never forget your kindness.
Ik zal je vriendelijkheid nooit vergeten.
Ik zal yuh VRYEND-elukh-heyt noyt ver-GHEH-ten

I'm so fortunate to have you as a friend.
Ik ben zo gelukkig dat ik jou als vriend heb.
Ik ben zo guh-LU-khig dat ik yoh als FRIEND heb

Your assistance means the world to me.
Jouw hulp betekent alles voor me.
Yoh HELP buh-te-KEHNT AL-les voor muh

I'm touched by your thoughtfulness.
Ik ben geraakt door jouw attentheid.
Ik ben guh-RAAKT door yohw uh-TENT-heyt

MAKING PHONE CALLS

Hello, this is [your name]
Hallo, met [ ].
Hah-LOH, met [ ]

May I speak to [name of the person]?
Kan ik spreken met [ ]?
Kan ik SPREH-ken met [ ]?

May I have your name and telephone number, please?
Zou ik uw naam en telefoonnummer kunnen hebben, alstublieft?
Zow ik UUW naam en tele-FOON-nummer KUHN-nuh ha-vun, ahlstuu-BLEEFT?

Could you call me back?
Kunt u me terugbellen?
KUHNT yuh muh TERUG-bel-len?

I have a question about [topic].
Ik heb een vraag over [ ]
Ik HEHB ayn VRAHG oh-VER [ ]

Hello, can I speak with...?
Hallo, kan ik spreken met...?
Hal-lo, kan ick SPRE-ken met...

Hello, is...available?
Hallo, is...beschikbaar?
Hal-lo, is...be-SCHIK-baar

May I know who I'm speaking with?
Mag ik weten met wie ik spreek?
Mag ick WEE-ten met wie ick SPREEK

I'm sorry, you have the wrong number.
Het spijt me, u heeft het verkeerde nummer.
Het SPYT me, u HEEFT het VER-keer-de NUM-mer

Can I take a message?
Kan ik een bericht aannemen?
Kan ick een BE-richt AAN-ne-men

Please hold the line for a moment.
Blijft u even aan de lijn alstublieft.
BLIJFT u E-ven aan de LIJN al-stub-LIEFT

I'll transfer your call.
Ik zal uw oproep doorverbinden.
Ick zal uw O-proep DOOR-ver-BIN-den

Let me check if he/she is available.
Laat me even controleren of hij/zij beschikbaar is.
Laat me EE-ven con-tro-LE-ren of hij/zij be-SCHIK-baar is

Thank you for your call.
Bedankt voor uw oproep.
Benkt voor uw O-proep

How may I assist you?
Hoe kan ik u van dienst zijn?
Hoe kan ick u van DIENST zijn

I'll call you back.
Ik bel u terug.
Ick BEL u TERUG

I'd like to follow up on our conversation.
Ik wil ons gesprek graag opvolgen.
Ick wil ons GES-prek graag OP-vol-gen

I'm calling to confirm our appointment.
Ik bel om onze afspraak te bevestigen.
Ick BEL om ON-ze AF-spraak te be-VE-sti-gen

Can you please repeat that?
Kunt u dat alstublieft herhalen?
Kunt u dat als-TUB-lieft her-HA-len

I didn't catch your name, can you repeat it?
Ik heb uw naam niet gehoord, kunt u die herhalen?
Ick heb uw NAAM niet ge-HOORD, kunt u die her-HA-len

Can you spell your name for me please?
Kunt u uw naam voor mij spellen alstublieft?
Kunt u uw NAAM voor mij SPEL-len als-TUB-lieft

Can you hold on for a moment?
Kunt u even wachten?
Kunt u EE-ven WACH-ten

I'll be with you shortly.
Ik ben zo bij u.
Ick ben zo bij u

Let me look that up for you.
Laat me dat even voor u opzoeken.
Laat me dat EE-ven voor u OP-zoe-ken

I'm sorry, I can't hear you well.
Het spijt me, ik kan u niet goed horen.
Het SPYT me, ick kan u niet GOED ho-ren

Can you please speak a bit louder?
Kunt u alstublieft iets harder praten?
Kunt u als-TUB-lieft iets HARD-er pra-ten

I will call back at a later time.
Ik bel terug op een later tijdstip
Ik bel TURUG op ayn lah-ter TAYDSTIP

Thank you for your time
Dank je wel voor uw tijd.
DAHNK yuh vel vor uuw TAYD

DESCRIBING FEELINGS AND EMOTIONS

I feel happy.
Ik voel me gelukkig.
Ik VOOL muh guh-luh-KHING

I feel sad.
Ik voel me verdrietig.
Ik VOOL muh vuhr-dree-TUHGH

I feel angry.
Ik ben boos.
Ik ben BOHS

I feel anxious.
Ik voel me angstig.
Ik VOEL muh ahng-STUHGH

I feel nervous.
Ik ben nerveus.
Ik ben NUHR-veh-UHS

I feel scared.
Ik ben bang.
Ik ben BAHNG

I feel excited.
Ik ben opgewonden.
Ik ben op-GUH-wohn-DUHN

I feel overwhelmed.
Ik voel me overrompeld.
Ik foel MUH oh-vur-rom-PELD

I feel content.
Ik voel me tevreden.
Ik FOHL muh tuh-vruh-DUHN

I feel frustrated.
Ik voel me gefrustreerd.
Ik VOOL muh guh-fruh-DTREERD

I feel disappointed.
Ik ben teleurgesteld.
Ik ben tuh-LOER-ghuh-STELD

I feel lonely.
Ik voel me eenzaam.
Ik vohl MUH ayn-ZAAM

I feel loved.
Ik voel me geliefd.
Ik FOELmuh ghuh-LEAFD

I feel appreciated.
Ik voel me gewaardeerd.
Ik voel MUHguh-wahr-DEERD

I feel grateful.
Ik voel me dankbaar.
Ik vohl muh dahnk-BAHR

I feel jealous.
Ik voel me jaloers.
Ik FOEL muh yah-LOHRS

I feel envious.
Ik voel me jaloers.
Ik vool MUH yah-LOHRS

I feel guilty.
Ik voel me schuldig.
Ik foel muh SKUHL-dikh

I feel ashamed.
Ik schaam me.
Ik SKAHM muh

I feel proud.
Ik voel me trots.
Ik foel muh TROTS

I feel confident.
Ik voel me vol zelfvertrouwen.
ik foel MUH vohl zelf-vuhr-TROW-wun

I feel insecure.
Ik voel me onzeker.
ik vool MUH on-zay-KER

I feel inferior.
Ik voel me minderwaardig.
Ik vuhl muh MIN-der-waar-DICH

I feel superior.
Ik voel me superieur.
Ik vohl muh soo-peh-RYUH

I feel relaxed.
Ik voel me relaxed.
Ik foel MUH reh-LAHKST

I feel exhausted.
Ik voel me uitgeput.
Ik vohl MUH oy-tuh-POOT

I feel energized.
Ik voel me energiek.
ik voel muh en-er-GIEK

I feel motivated.
Ik voel me gemotiveerd.
Ik foel muh guh-mo-tee-VEHRT

I feel inspired.
Ik voel me geïnspireerd.
Ik foel muh hayn-spih-REHRT

I feel bored.
Ik verveel me.
Ik VUHR-veyl muh

How are you feeling today?
Ik voel me gemotiveerd.
Ik foel muh guh-MOH-tee-VEHRT

What's been bothering/upsetting you lately?
Wat stoorde/verontrustte je de laatste tijd?
Wat STOHR-duh/vuh-ron-TROOST-tuh yuh duh LAAST-uh tait?

Are you feeling anxious/nervous about something in particular?
Voel je je angstig/nerveus over iets in het bijzonder?
Vool yuh yuh AHNG-stig/ner-VOYS oh-ver IHTS in het BYZ-onder?

Have you been experiencing any strong emotions recently?
Heb je de laatste tijd sterke emoties ervaren?
Hehb yuh duh LAATS-tuh tayd STER-kuh eh-moh-TIESS uh-rvah-ren?

Is there anything that's been making you feel happy/joyful lately?
Is er iets waardoor je je de laatste tijd gelukkig/vreugdevol voelt?
Is UHR iets waar-door yuh yuh duh LAASTUH tait KHUH-luh-khig/vrukh-DUH-vol felt?

How do you feel about the current situation?
Wat vind je van de huidige situatie?
Waht FIHNT yuh van duh HUY-dih-guh sit-YOO-ah-TUH?"

Are you comfortable talking about your feelings with me?
Vind je het prettig om met mij over je gevoelens te praten?
Vint yuh het PREH-tigh ohm met may oh-VUHR yuh huh-voo-LUNS tuh PRAH-tun?

Would you like to discuss how you're feeling in more detail?
Wil je uitgebreider bespreken hoe je je voelt?
Wil yuh out-GUH-BREY-der bes-PRE-ken hoo yuh yuh VOELT?

DISCUSSING HEALTH AND WELL-BEING

I'm feeling great today!
Ik voel me vandaag geweldig!
Ik VOEL me van-daag ge-WE-lig

I've been really tired lately and need to get more sleep.
Ik ben de laatste tijd erg moe en moet meer slapen.
Ik ben de LAAT-ste tijd erg MOE en moet meer SLA-pen

I need to start exercising more regularly.
Ik moet regelmatiger gaan sporten.
Ik moet re-gel-ma-ti-ger gaan SPOR-ten

I've been eating healthier and feel much better.
Ik eet gezonder en voel me veel beter.
Ik eet ge-zon-der en VOEL me veel BE-ter

I'm trying to cut back on sugar and processed foods.
Ik probeer minder suiker en bewerkt voedsel te eten. (
ik PRO-beer MIN-der SUI-ker en be-WERKT voedsel te E-ten

I've been struggling with anxiety and am seeking help.
Ik heb last van angst en zoek hulp.
Ik HEB last van ANGST en zoek HULP

I've been dealing with a lot of stress at work and need to find ways to manage it better.
Ik heb veel stress op het werk en moet manieren vinden om het beter te beheren.
Ik HEB veel STRESS op het WERK en moet ma-NIE-ren VIN-den om het BE-ter te be-HE-ren

I think I'm coming down with a cold.
Ik denk dat ik verkouden ben.
Ik DENK dat ik ver-KOUDEN ben

I'm recovering from an injury and need to take it easy for a while.
Ik herstel van een blessure en moet het even rustig aan doen.
Ik HER-stel van een BLES-sure en moet het E-ven RUS-tig aan doen

I'm trying to quit smoking for my health.
Ik probeer te stoppen met roken voor mijn gezondheid.
Ik PRO-beer te STOP-pen met RO-ken voor mijn ge-ZOND-heid

I've been having trouble sleeping and need to talk to my doctor about it.
Ik heb slaapproblemen en moet er met mijn dokter over praten.
Ik HEB slaap-pro-BLE-men en moet er met mijn DOK-ter over PRAten

I've been feeling down lately and think I might be depressed.
Ik voel me de laatste tijd somber en denk dat ik depressief ben.
Ik VOEL me de LAAT-ste tijd SOM-ber en DENK dat ik depres-SIEF ben

I'm trying to lose weight for my overall health.
Ik probeer af te vallen voor mijn algehele gezondheid.
Ik PRO-beer AF te VAL-len voor mijn al-ge-HE-le ge-ZOND-heid

I've been getting more rest and sleep lately to improve my overall well-being.
Ik heb de laatste tijd meer rust en slaap gekregen om mijn algehele welzijn te verbeteren.
Ik heb de LAS-te tijd meer RUST en SLAAP ge-KRE-gen om mijn AL-ge-he-le WEL-zijn te ver-be-te-ren

I'm going to start seeing a therapist to work on my mental health.
Ik ga een therapeut zien om aan mijn mentale gezondheid te werken.
Ik ga een the-ra-PEUT zien om aan mijn MEN-ta-le ge-ZOND-heid te WER-ken

I need to go for a check-up with my doctor.
Ik moet op controle bij mijn dokter.
Ik moet op CON-tro-le bij mijn DOK-ter

I'm trying to drink more water and stay hydrated.
Ik probeer meer water te drinken en gehydrateerd te blijven.
Ik PRO-beer meer WA-ter te DRIN-ken en ge-HY-dra-teerd te BLIJ-ven

I've been experiencing some digestive issues and need to watch what I eat.
Ik heb wat spijsverteringsproblemen en moet opletten wat ik eet.
Ik HEB wat spijs-VER-terings-pro-BLE-men en moet OP-let-ten wat ik EET

I'm taking vitamins to supplement my diet.
Ik neem vitamines als aanvulling op mijn dieet.
Ik neem VI-ta-mi-nes als AAN-vul-ling op mijn DIE-et

I've been feeling more energetic since starting a new exercise routine.
Ik voel me energieker sinds ik een nieuwe oefenroutine ben gestart.
Ik VOEL me EN-er-gie-ker sinds ik een NIEU-we oefen-rou-TI-ne ben GE-start

I'm trying to reduce my alcohol intake for my health.
Ik probeer mijn alcoholinname te verminderen voor mijn gezondheid.
Ik PRO-beer mijn al-co-HO-lin-name te ver-MIN-de-ren voor mijn ge-ZOND-heid

I'm working on improving my mental clarity and focus.
Ik werk aan het verbeteren van mijn mentale helderheid en focus.
Ik WERK aan het ver-BE-te-ren van mijn MEN-ta-le HEL-der-heid en FOCUS

I need to take a break and relax to reduce my stress levels.
Ik moet een pauze nemen en ontspannen om mijn stressniveaus te verminderen.
Ik moet een PAU-ze ne-MEN en ont-SPAN-nen om mijn STRESS-ni-veaus te ver-MIN-de-ren

I'm trying to get more fresh fruits and vegetables in my diet.
Ik probeer meer verse groenten en fruit in mijn dieet te krijgen.
Ik PRO-beer meer VER-se groen-ten en FRUIT in mijn DIE-et te krij-GEN

I'm feeling more positive and happy since incorporating mindfulness into my daily routine.
Ik voel me positiever en gelukkiger sinds ik mindfulness heb opgenomen in mijn dagelijkse routine.
Ik VOEL me POSI-tie-ver en ge-LUK-ki-ger sinds ik MIND-ful-ness heb op-ge-NO-men in mijn DA-ge-lijkse rou-TI-ne

How do you stay healthy and fit?
Hoe blijf je gezond en fit?
Hoe BLEIF yuh guh-ZOHNT en fit?

Have you been feeling well lately?
Voel je je de laatste tijd goed?
Vool yuh yuh DUH laastuh TAIT GOOT?

Do you have any health concerns you'd like to discuss?
Heeft u gezondheidsklachten die u graag wilt bespreken?
HEFT uu guh-ZOND-haits-KLAAG-tuhn dee uu KRAAHG wilt buh-SPRR-ek-uhn?

Have you been getting enough sleep lately?
Heb je genoeg geslapen de laatste tijd?
Heb yuh guh-NOOGH guh-SLAH-pen duh LAHS-tuh TAYD?

Do you follow any particular diet or exercise regimen?
Volgt u een bepaald dieet of trainingsregime?
Volgt u ayn buh-PAHLT dee-EHT of TRAHY-nings-ruh-GHEE-muh?

How do you manage stress in your life?
Hoe ga je om met stress in je leven?
Hoe gaa je om met STRESS in je LEE-ven?

Do you take any vitamins or supplements to support your health?
Neemt u vitamines of supplementen om uw gezondheid te ondersteunen?
NEEMT uu vee-taa-MINES of soo-ply-MENTEN om uw guh-ZOND-hyt te onder-STUH-nen?

DESCRIBING JOBS AND PROFESSIONS

I work in the tech industry.
Ik werk in de technologie-industrie.
Ik WERK in de teh-noloh-ZIN een-doo-STRIE

I'm a lawyer.
Ik ben een advocaat.
Ik ben AYN ah-DVOH -kat

I'm a doctor.
Ik ben een dokter.
Ik BENayn DOCK-ter

I'm a teacher.
Ik ben een leraar.
Ik ben ayn luh-RAHR

I'm an accountant.
Ik ben een accountant.
Ik ben ayn ahk-KOWN-TANT

I'm an engineer.
Ik ben een ingenieur.
Ik ben ayn in-KHUH-nuur

I work in finance.
Ik werk in de financiële wereld.
Ik WARK in de fahn-sie-luh vurld

I'm a journalist.
Ik ben een journalist.
Ik ben ayn YUR-nah-LIEST

I'm a musician.
Ik ben een muzikant.
Ik ben ayn muh-zie-KAHNT

I'm an artist.
Ik ben een artiest.
Ik ben AYN ahr-tee-EST

I'm a chef.
Ik ben een chef-kok.
Ik ben ayn SHEFF-kok

I work in marketing.
Ik werk in de marketing.
Ik WUHRK in duh MARKUH-ting

I'm a salesperson.
Ik ben een verkoper.
Ik ben ayn VUHR-koh-LUHR

I'm a software developer.
Ik ben een softwareontwikkelaar.
ik ben ayn soff-TWAH-reh-ohn-TWIK-kuh-LUHR

I work in customer service.
Ik werk in de klantenservice.
Ik ben ayn soff-TWAH-reh-ohn-TWIK-kuh-LUHR

I'm a graphic designer.
Ik ben grafisch ontwerper.
Ik ben hrah-FISH ont-wur-PUHR

I'm a writer.
Ik ben een schrijver.
ik ben ayn SCHRAY-vur

I'm a consultant.
Ik ben een adviseur.
Ik ben AYN ad-vie-ZUHR

I work in human resources.
Ik werk in personeelszaken.
Ik wuhrk in PEHR-soh-NEELS-zah-KEN

I'm a project manager.
Ik ben projectmanager.
Ik ben pro-JEKT-man-uh-JER

I'm a social worker.
Ik ben maatschappelijk werker.
Ik ben maht-SCHAP-uh-lijk vur-KUR

I work in public relations.
Ik werk in de public relations.
Ik wuhrk in de puh-BLIEK REH-lah-SJUHNS

I'm a nurse.
Ik ben een verpleegster.
Ik ben AYN vur-playgh-STUHR

I'm a scientist.
Ik ben een wetenschapper.
Ik ben ayn VUH-tun-SCHAN-per

I'm a researcher.
Ik ben een onderzoeker.
ik ben AYNonder-ZUH-KER

I'm a therapist.
Ik ben een therapeut.
Ik ben ayn TAY-roh-PEUT

I work in hospitality.
Ik werk in de horeca.
Ik wuhrk in DUH hoh-REH-KA

I'm a real estate agent.
Ik ben makelaar in onroerend goed.
Ik ben MAH-kuh-LAHR in ohn-ruh-RENT KHOOT

I'm a financial advisor.
Ik ben financieel adviseur.
Ik ben FAHN-sie-le advie-ZUH-r

I'm a pharmacist.
Ik ben apotheker.
Ik ben AH-PO-teh-KER

What do you do for a living?
Wat voor werk doe je
VAAT voor WERK doe ye

What kind of work do you do?
Wat voor werk doe je
Wut FOHR vurk doo YUH

Can you describe your job?
Kun je je baan omschrijven?
Kun ye ye baan ums-CHRAA-iven

What are your main duties and responsibilities?
Wat zijn je belangrijkste taken en verantwoordelijkheden?
Waht ZIN ye buh-LANG-rick-STUH tah-ken en ver-ant-WOOR-dell-ick-hay-den

What kind of skills and qualifications are required for your job?
Welke vaardigheden en kwalificaties zijn vereist voor uw werk?
Welke vaar-DIGH-eden en KWALI-fica-ties zijn vuh-ry-st FOAR uw VURK

What do you like about your job?
Wat vind je leuk aan je baan?
Waht VINT ye leuk aan ye BAAN?

What do you find challenging about your job?
Wat vind je uitdagend aan je job?
Waht vint ye OOT-daagend an ye job

How long have you been working in this field?
Hoe lang werkt u al in dit vakgebied?
Hoo lang VURKT uu al in dit vak-ghu-BAYT

What made you choose this profession?
Waarom heb je voor dit beroep gekozen?
Vaa-ROM heb ye voor dit BERUUP GEKO-zen

GIVING AND RECEIVING INSTRUCTIONS

Please do this.
Doe dit alsjeblieft.
DOO dit als-yuh-BLIEFT

Could you please do this?
Zou je dit alsjeblieft kunnen doen?
ZOU yuh dit ALS -yuh-BLEEFT kuh-nen DOEN?

Would you mind doing this?
Zou je dit willen doen?
Zau YUH dit wil-LUHN DOEN?

I'd like you to do this.
Ik zou graag willen dat je dit doet.
Ik ZOWkraahg wil-LUHN dat yuh dit DOOT?

Can you do this for me?
Kan je dit voor mij doen?
Kan YUH dit vor may DOEN?

It's important that you do this.
Het is belangrijk dat u dit doet.
Het is buh-LANG-rick DAKT uu dit DOOT?

Don't forget to do this.
Vergeet dit niet te doen.
Vur-GHAYT dit NERTtuh DOON?

Make sure you do this.
Zorg ervoor dat je dit doet.
ZOHRG ur-VOOR dat yuh dit DOOT

You need to do this.
Je moet dit doen.
Yuh MOET dit DOON?

This is what you should do.
Dit is wat u moet doen.
Ditt iss WUHT uu muht DOON?

Sure, I can do that.
Natuurlijk kan ik dat.
Nah-TUUHER-luk kahn ik DAT?

Of course, I'll do it right away.
Natuurlijk doe ik het meteen.
Nah-TUUR-lik DOO-uh ik het muh-TEEN

Absolutely, I'll get right on it.
Absoluut, ik ga er meteen mee aan de slag.
Ahb-soh-LUUT, ik GAH ur MEETAYN may AHN duh SLAHG.

No problem, I can do that.
Geen probleem, dat kan ik.
GRAYN proh-BLEHM, dat KAHN ik?

I understand, I'll do it.
Ik begrijp het, ik zal het doen.
Ik buh-GHREYP het, ik zahl het DOON

Okay, I'll make sure to do that.
Oké, dat ga ik zeker doen.
Oh-kay, DAHT gah ik ZAY-ker DOON

Consider it done.
Beschouw het als gedaan.
Buh-SAHOW het ahlss guh-DAHN

I'll take care of it.
Ik zal er voor zorgen.
Ik ZAL er VOOR zor-GHEN

Right away, I'll do it.
Ik zal het meteen doen.
Ik zal het muh-teen DOON

Yes, I can do that for you.
Ja, dat kan ik voor je doen.
Yah, DAHT kan ik VOORyuh DOON?

Can you explain that again?
Kun je dat nog eens uitleggen?
Kun yuh DAHT nog AYNS eyt-LEGH-hen?

Could you give me more detail on that?
Kunt u mij daar meer details over geven?
KUNT uu MAY daar MEER details oh-ver GHE-vun?

I'm not sure I understand, can you please explain?
Ik weet niet zeker of ik het begrijp, kun je het alsjeblieft uitleggen?
Ik WEET niet ZEKER of ik het beh-GRYP, kun yuh het ahl-SYUH -bleeft AYTL-ayghen?

Just to clarify, you want me to do this?
Even ter verduidelijking, wil je dat ik dit doe?
Eh-VEN ter vur-DOO-de-ly-KHING, wil yuh dat ik dit DOO-uh?

Do you mean that I should do this first?
Bedoel je dat ik dit eerst moet doen?
Buh-DOOL yuh DAT ik dit EERST moet DOEN?

Sorry, I missed that part, can you repeat it?
Sorry, ik heb dat deel gemist, kun je het herhalen?
Sorry, ik HEHDB AHT dehl GHEH-mist, kun yuh het heh-RHAAL-en?

Can you give me an example of what you mean?
Kun je me een voorbeeld geven van wat je bedoelt?
KUN yuh muh AYNvohr-BEHLT guh-ven VAHN wat yuh buh-DOOHLT?

Can you explain the reasoning behind that?
Kunt u de redenering daarachter toelichten?
Kunt uu duh RUH-DUH-nuh-RING DAAR-AHHCH-tuhr TOO-lihgh-TUHN?

Just to be clear, you want me to do this now?
Even voor de duidelijkheid, wil je dat ik dit nu doe?
Eyvuhn VOOR duh dwee-d'lijkhayt, wil YUH DAT ik dit NUH doo?

Can you show me how to do this?
Kun je me laten zien hoe je dit moet doen?
Kun yuh MUH lah-ten ZEYEN hoh yuh dit Moet doen?

Please take out the trash.
Zet alsjeblieft het afval buiten.
Zet als-JUH-blieft het AF-val bui-TEN

Close the door behind you when you leave
Sluit de deur achter je als je vertrekt
SLOYT duh dur AHG-ter yuh als yuh vur-TREKT

Turn left at the stop sign
Sla linksaf bij het stopbord
SLAH link-SAF bai hut STAHP-bort

Got it, I'll take out the trash.
Ik heb het, ik haal het afval eruit.
Ik heb het, ik HAAL het AF-val ERUIT

Okay, I'll remember to close the door
Oké, ik zal onthouden om de deur te sluiten
Oh-KAY, ikh zal on-TUH-how-DEN om duh dur tuh slu-UTEN

Turn left at the stop sign, got it
Sla linksaf bij het stopbord, snap het
Slaa link-SAF bai het STAHP-bort, SNAP HET.

EXPRESSING UNCERTAINTY AND PROBABILITY

It's hard to say.
Het is moeilijk te zeggen.
Hut is moy-LIKH tuh zegh-GHEN

I'm not sure.
Ik weet het niet zeker.
Ik weet het NEETzay-KER

I don't know for certain.
Ik weet het niet zeker.
Ik weet HET neet zay-KER?

It could go either way.
Het kan alle kanten op gaan.
Het kahn ahl-LUH kahn-tuh ohp GAHN

It's anyone's guess.
Het is een gok van iedereen.
Het is ayn KHOK van ee-duh-REEN?

It's a toss-up.
Het is een kwestie van geluk.
Het is ayn KWESTIE vahn guh-LUHK?

How likely is it that...?
Hoe waarschijnlijk is het dat...?
Hoe waar-SCHIJN-lijk is het dat

Do you think there's a chance that...?
Denk je dat er een kans is dat...?
DENK ye dat er un KAHNS iss DAT

What are the odds of...?
Hoe groot is de kans op...?
Huu GROT iss de kans op

Is it possible that...?
Is het mogelijk dat...?
Is het mo-GUH-LIJK dat...

Could it be that...?
Kan dat het zijn...?
kan dat hut ZYN

Do you have any idea whether...?
Heb je enig idee of...?
Hep ye ey-NIG ee-DEE of...

Would you say it's probable that...?
Zou u zeggen dat het waarschijnlijk is dat...?
Zau u ZEG-gen dat hut waar-SCHIJN-lukh is dat

Is there a good chance that...?
Is de kans groot dat...?
Is de KANS GROAT dat

What's the likelihood of...?
Wat is de KANS op...?
Wat is du KANS op

How uncertain are you about...?
Hoe onzeker ben je over...?
Hoo on-ZAY-ker ben ye oh-VER

There's a chance that...
De kans bestaat dat...
duh KHAHNS be-STAAT dat?

There's a possibility that...
Er is een mogelijkheid dat...
Uhr is ayn MOH -huh-likh-hayt DAHT..?

It's not out of the question.
Het is niet uitgesloten.
Het is neet OUT-huh-SLOTEEN

It's a long shot.
Het is moeilijk om te gebeuren.
Het is MOH-ey-lik om tuh guh-BUHR-un

I'm not convinced.
Ik ben niet overtuigd.
Ik ben neet OH-fer-TWEEGD

It's too soon to tell.
Het is te vroeg om te zeggen.
Het is tuh VROHGH ohm tuh zegh-GHEN

It's up in the air.
Het hangt in de lucht.
Hut HANKT in duh LUUKHT

It's uncertain.
Het is onzeker.
Het is ON-zay-KUHR

I have my doubts.
Ik heb mijn twijfels.
Ik hep MYN twy-FELS

It's questionable.
Het is twijfelachtig.
Hut is TWAY-fuh-lahg-TIG

It's debatable.
Het is discutabel.
Hut is DISS-koo-tah-BUL

I'm on the fence about it.
Ik sta op het punt hierover.
Ik STAH ohp het POENT heer-o-VER

It's a gamble.
Het is een kansspel.
Het is een KANSSPEL

It's not a sure thing.
Het is niet juist.
het is neet YUUST?

It's not guaranteed.
Het is niet gegarandeerd.
Hut iss neet GUH-gah-rahn-TEERD

It's possible, but unlikely.
Het is mogelijk, maar onwaarschijnlijk.
Het is moh-khuh-LUKH, maar ohn-vahr-SHAYN-likh

It's a remote possibility.
Het is een afgelegen mogelijkheid.
Het is AYN af-ghuh-lay-GHUN moh-guh-lijk-HEYD?

It's more likely than not.
Het is waarschijnlijker dan niet.
Het is WAAR-shyn-ly-kur DAHN neet

It's probable.
Het is waarschijnlijk.
Het is WAHR-skhyn-LIJK

There's a good chance that...
Grote kans dat...
GHROH-tuh khahns DAHT?

It's highly likely.
Het is zeer waarschijnlijk.
Het is ZEER waar-schijn-LIJK

It's almost certain.
Het is bijna zeker.
Het is BAY-nah zeh-KER

I'm fairly confident.
Ik ben redelijk zelfverzekerd.
Ik ben ruh-DEH-lijk ZELF-vuhr-ze-KERD

I'm reasonably certain.
Ik ben redelijk zeker.
Ik ben ruh-DEH-lijk zeh-KER

SKILLS

I am experienced in...
Ik ben ervaren in...
Ik ben er-VAH-run in

I am qualified and capable of...
Ik ben gekwalificeerd en in staat om...
Ik ben guh-KWOL-uh-fyd en in staht ohm

I am highly proficient in...
Ik ben zeer bedreven in...
Ik ben zeer bih-DREV-uhn in

I possess exceptional expertise in...
Ik heb een uitzonderlijke expertise in...
Ik heb een yutz-on-DER-likh ex-puhr-TEES in

Communication skills
Communicatie vaardigheden
Koh-MYOO-nuh-KAY-shun vaaR-dih-hai-luhn

Problem-solving skills
Probleemoplossend vermogen
PRO-bleem-OP-loss-end VUHR-muh-guhn

Teamwork
Teamwerk
TEEM-werk

Time management
Tijdsbeheer
TAYDS-beh-er

Leadership
Leiderschap
Lay-der-SCHAP

Customer service
Klantenservice
KLAHN-tuhn-SER-vees

Creativity
Creativiteit
KRUH-aa-tee-vei-TAIT

Attention to detail
Aandacht voor detail
AAN-duhkt voor DEE-tail

Sales skills
Verkoop vaardigheden
Vur-KOOP VAAR-dig-hay-den

Marketing skills
Marketing vaardigheden
Mahr-ke-TING vaaahr-di-ghay-DUHN

Financial management
Financieel management
Fee-NAHN-see-el mahn-ahzh-MUHNT

Project management
Project management
Pro-JEKT ma-nuh-djuh-MUHNT

Public speaking
Spreken in het openbaar
SPRAY-ken in het oh-pen-baar?

Analytical skills
Analytische vaardigheden
AH-nah-lee-TIESH-uh vahr-dih-HEN

Negotiation skills
Onderhandelingsvaardigheden
ON-duhr-han-duh-lings-vaaR-dih-hai-luh-duhn

Critical thinking
Kritisch denken
Kri-TISCH den-KEN

Technical skills
Technische vaardigheden
Tuhg-NIES-kuh vahr-duh-ghee-DUHN

Interpersonal skills
Interpersoonlijke vaardigheden
IHN-tuhr-PUHR-sohn-luh-vuh vahr-dih-ghuh-DUHN

Digital literacy
Digitale geletterdheid
Dee-GEE-tah-luh GHUH-leh-tuhrd-TAYT

Strategic thinking
Strategisch denken
STRUH-te-gisch DEN-ken

Decision-making
Besluitvorming
Buh-SLOOIT-voor-MING

Coaching
Coachen
Koh-SHUN

Conflict resolution
Conflictoplossing
Kon-FLIKT-op-LOSSING

Multitasking
Multitasking
Muhl-tee-TASKING

Problem analysis
Probleemanalyse
Proh-BLEE-muh-naa-lee-ZUH

Foreign language proficiency
Vaardigheid in vreemde talen
VAHR-dihk-hyt in VRAYM-duh tah-luhn

Design skills
Ontwerp vaardigheden
Ont-WERP vaa-r-DIH-khey-DUHN

Research skills
Onderzoeksvaardigheden
On-DUHR-zook-SVAH-r-dih-GHUH-dun

Software proficiency
software vaardigheid
Sof-TWAIR vahr-DIHKH-hait

FAMILY

How many siblings do you have?
Hoeveel broers en zussen heb je?
Hoo-VEYL broh-ERS en suh-SEN hep ye?

Are you the oldest, middle, or youngest child?
Ben jij het oudste, middelste of jongste kind?
Ben yey het OWD-stuh, MID-dul-stuh ohg YUHNG-stuh kind?

What are your parents' occupations?
Wat zijn de beroepen van je ouders?
Waht zyn duh buh-roo-pen vahn yuh OUDERS?

Do you have any step-siblings or half-siblings?
Heb je stiefbroers of -zussen?
Heb yuh STEEV-broh-ers of -ZUHS-sen?

What is your family's cultural background?
Wat is de culturele achtergrond van uw familie?
Waht is duh KUHL-tuuhr-luh AHG-tuhr-GRONT fan uw fah-MEE-lee?

Do you have any family traditions?
Heb je familietradities?
Heb yuh FAH-mee-lee-TRAH-dee-TSIES?

What is your relationship like with your parents?
Hoe is je relatie met je ouders?
hoo is yuh RUH-lah-tee meht yuh ou-DUHRS?

Do you have any nieces or nephews?
Heb je neven of nichten?
Heb yuh nay-VUHN ohf NIKHT-uhn?

Are your grandparents still alive?
Leven je grootouders nog?
Lay-VUHN yuh GROHT-ow-duhrs NOHGH?

Where do your parents or grandparents come from?
Waar komen je ouders of grootouders vandaan?
Wahr koh-MUN yuh ou-DURS of groht-OU-durs VUHN-daan?

Do you have any family members who live abroad?
Heeft u gezinsleden die in het buitenland wonen?
Hayft uu GUH-zins-lay-DUN dee in hut BUY-tun-lunt wo-NUN?

What is your family's religion or spiritual beliefs?
Wat is de religie of spirituele overtuiging van uw familie?
Waht iss DUHruh-lih-GIE of SPEE-rih-tuu-leh oh-vur-tuu-GHING vahn uw fah-MILIE?

How often do you see your extended family members?
Hoe vaak ziet u uw uitgebreide familieleden?
Hoo VAHK zeet uu UUW oot-khuh-BREY-duh fah-mee-lee-le-DUHN?

Do you have any family pets?
Heeft u huisdieren?
Heft u HEYS-dee-RUHN?

Who is the family member you are closest to?
Met welk familielid ben je het dichtst bij?
Met wuhlk fah-MEE-lee-lit ben YUH het DICH-tst BAY?

Do you have a family crest or coat of arms?
Heeft u een familiewapen of familiewapen?
HAYFT u ayn FAH-mee-lee-WAH-puhn of FAH-mee-LEE-wah-PUHN?

What is your family's favorite cuisine or dish?
Wat is de favoriete keuken of gerecht van uw gezin?
Wat is de FAH-voh-rie-tey KOY-ken of guh-REHGT van uw GUH-zin?

Are there any family members who are artists or musicians?
Zijn er familieleden die artiest of muzikant zijn?
ZIN ur FAH-mee-lee-luh-DUHN dee ar-tee-YEST of mu-zee-KUHNT zeyn?

Do you have any family heirlooms or sentimental objects?
Heeft u familiestukken of sentimentele voorwerpen?
HAYFT uu FAH-mee-lee-STUH-kun of sen-tee-MUHN-tuh-luh VOHR-wur-PUN?

What is the most important lesson you have learned from your family?
Wat is de belangrijkste les die je van je familie hebt geleerd?
WAH-t iss duh BEH-langk-RAKE-ste les dee YUH vahn yuh FAH-mee-lee HEBT ghuh-LEHRD?

Do you have any family members who have served in the military?
Heeft u familieleden die in het leger hebben gediend?
HEFT u FAH-mie-le-le-DUHN dee in het lay-GHER hah-vuhn GHUH-dynt?

What is the biggest challenge your family has faced?
Wat is de grootste uitdaging waar uw gezin mee te maken heeft gehad?
WAHT is duh GROAT-stuh out-daah-GING waar uw GHUH-zin may tuh MAH-ken HET ghahd?

Are there any family members who are entrepreneurs or business owners?
Zijn er familieleden die ondernemer of ondernemer zijn?
Zyn ur FAH-mih-lee-luh-DUHN dee ohn-DUHR-nay-MUHR ohf ohn-DUHR-nay-muhr ZYN?

What is your family's stance on important social issues?
Wat is het standpunt van uw familie over belangrijke maatschappelijke kwesties?
WAHT is het STAH-ndpunt van uw FAH-mil-yuh oh-ver buh-LANG-ry-kuh maht-SCHAH-puh-ly-kuh KWEST-yes?

Do you have any family members who are educators or involved in academia?
Heeft u familieleden die opvoeders zijn of betrokken zijn bij de academische wereld?
HAYFT uu FAH-mee-lee-lay-dun dee op-voo-DURS zayn of buh-TROK-kuhn zayn by duh AH-kah-day-mee-SKUH vur-ULT?

What is your family's religious or spiritual background?
Wat is de religieuze of spirituele achtergrond van uw familie?
Waht is duh ruh-lih-ZJUH of SPEE-rih-tu-uh-luh AHCH-ter-grond van uw FAH-mie-lie?

Are there any family members who are involved in charitable or volunteer work?
Zijn er familieleden die betrokken zijn bij liefdadigheids- of vrijwilligerswerk?
zain ur FAH -mee-lee-lay-dun dee BUH-trohk-kuhn zain bay LEEFDAH-dikh-haits off vry-wil-luh-GURS-werk?

What is the most memorable family vacation or trip you have taken together?
Wat is de meest memorabele familievakantie of reis die jullie samen hebben gemaakt?
Waht is duh MEEST meh-morah-bel-uh FAH-mie-lee-vah-KAHN-tee-uh oh-r RAHYS dee yuh-SUHM-hen hah-vun gah-MAHKT?

Do you have any family members who have achieved something noteworthy or remarkable?
Heeft u familieleden die iets opmerkelijks of opmerkelijks hebben bereikt?
HEEFT uu fa-MIE-lie-le-DEN dee iets op-mer-KELIJKS of op-mer-KELIJKS heb-ben be-REYKT?

What is your family's opinion on marriage and relationships?
Wat is de mening van uw familie over het huwelijk en relaties?
Waht is DUH muh-NING fan uw FAH-mee-lee oh-VER het huu-WEL-ik en reh-laa-SIES?

Do you have any family traditions or customs that are unique to your family?
Heeft u familietradities of gewoonten die uniek zijn voor uw familie?
HEYFT uu fa-mee-lee-TRAH-dee-tseez of GUH-wohn-ten dee uu-NEEK zijn voor uw fa-MEE-lee?

Who in your family is the best storyteller?
Wie in je familie is de beste verhalenverteller?
WEE in yuh FAH-mee-lee is DUH BEH-ste vur-HAH-len-ver-TEL-ler?

Do you have any family members who are skilled in a particular craft or hobby?
Heeft u familieleden die bedreven zijn in een bepaald ambacht of hobby?
HEYFT uu FA -mie-luh-lay-dun dee buh-dray-vun SAINin ayn buh-PAHL-ut am-BAHGT of hah-BEE?

What is the most interesting fact about your family history?
Wat is het meest interessante feit over uw familiegeschiedenis?
WAH-t is het MAYST in-tuh-res-san-tuh FAYT oh-VER uw fah-mil-yuh-guh-shey-DENIS?

Are there any family recipes or dishes that have been passed down through generations?
Zijn er familierecepten of gerechten die van generatie op generatie zijn doorgegeven?
ZEY-nuhr FEH-mee-lee-ruh-SAYP-tuhn oh-fer GUH-rehch-tuhn dee VAHN guh-nuh-ruh-TSEE ohp guh-nuh-ruh-TSEE-yun zayn door-GHUH-ghay-vuhn?

What is your family's stance on education and lifelong learning?
Wat is het standpunt van uw familie over onderwijs en een leven lang leren?
WAH-t is het stahnt-PUNT van uuw FAH-mie-lee oh-VER on-der-WEYS en ayn lay-ven LAHNG lay-REN?

Do you have any family members who have served in the military or law enforcement?
Heeft u familieleden die in het leger of bij de politie hebben gediend?
HEYFT uu fa-MIE-lee-le-DUHN dee in hut le-GHER of by duh po-li-tie ha-ven guh-DEEND?

What is the most challenging experience your family has faced together?
Wat is de meest uitdagende ervaring die uw gezin samen heeft meegemaakt?
WAH-t iss duh MEEST yut-dah-GHEN-duh ur-vah-RING dee uw guh-zin SAH-men hat mayk-gah-MAAKHT?

Do you have any family members who have migrated or moved to a different country?
Heeft u gezinsleden die zijn geëmigreerd of verhuisd naar een ander land?
HEYFT uu GEH-zins-le-DUHN dee ZAIN guh-ey-mee-greerd of fer-HUYST naar ayn an-DER lahnt?

What is your family's opinion on politics and government?
Wat is de mening van uw familie over politiek en overheid?
WAH-t is de MEH-ning van uw FAH-mie-lee oh-ver poh-lee-TIEK en oh-ver-HAYT?

BUSINESS NEGOTIATION

Let's start with the initial proposal.
Laten we beginnen met het eerste voorstel.
Lah-TUHN wuh bi-NUHN met het ur-STUH voor-SELT

We need to identify our common interests.
We moeten onze gemeenschappelijke belangen identificeren.
Weh MOOTEN oor-nuh huh guh-MAYN-schap-puh-LUH -kuh buh-lahn-GHEN i-DEN-ti-fi-tseh-RUHN

Can we find a middle ground that works for both parties?
Kunnen we een middenweg vinden die voor beide partijen werkt?
Kuh-nun wuh ayn mih-dun-weg VINDEN dee voor bay-duh pahr-tay-en VERKT

Let's discuss the timeline for implementation.
Laten we de tijdlijn voor implementatie bespreken.
Lah-TUHN wuh duh tayd-layn voor im-PLUH -men-tah-tie buh-spreh-KUHN

We need to consider the budget constraints.
We moeten rekening houden met budgetbeperkingen.
We MOOT-n ruh-KEENG hou-DEN met buh-jet-beh-per-KING-en

Can we negotiate on the payment terms?
Kunnen we onderhandelen over de betalingsvoorwaarden?
KUN-nun weh on-DUHR-han-duh-lun oh-vur duh buh-tah-lingz-voor-WAHR-dun

Let's discuss the scope of the project.
Laten we de reikwijdte van het project bespreken.
Lah-TUHN we duh RAI-kh-vai-ght-VAHN het proh-JEKT bes-PRUH-ken

We need to clarify the roles and responsibilities of each party.
We moeten de rollen en verantwoordelijkheden van elke partij verduidelijken.
We MOETEN duh roh-LUHN en vuh-RANT-wor-duh-luh-KHEY-duh van el-kuh PAHR-tay ver-duy-DUHL-uh-KUHN

Can we discuss the potential risks and challenges?
Kunnen we de mogelijke risico's en uitdagingen bespreken?
KUN-nuh we DUD moh-GUG-luh-KUH rih-si-KOH'S en OUYT-dah-ghin-ghun bes-PRUK-kuhn

Let's explore options for mutual benefit.
Laten we opties voor wederzijds voordeel onderzoeken.
Lah-TUN wuh AHP-tees voor VAY-duhr-ZAYTS voor-DUHL on-duhr-zooh-KUHN

We need to review and finalize the contract.
We moeten het contract herzien en afronden.
VAY mooten HUT kon-TRAKT hur-ZEE-en un af-ron-DUHN

Can we agree on the terms and conditions?
Kunnen we akkoord gaan met de voorwaarden?
KOON-nun vuh ah-KORD gaan MET duh voor-WAAR-dun?

We need to negotiate a win-win situation.
We moeten onderhandelen over een win-winsituatie.
Vuh MOE-tun UN-duhr-han-duh-lun OH-vur uhn win-win-situ-AH-tie?

Can we discuss the deliverables and deadlines?
Kunnen we leveringen en deadlines bespreken?
Kun-nun vuh lay-vuh-ring-un en dea-dlains buh-spree-kuhn?

Let's brainstorm ideas and solutions.
Laten we brainstormen over ideeën en oplossingen.
Lah-ten vuh BRAIN-storm-un oh-vur ee-DAY-en en oh-PLOSS-in-gun

We need to come up with a feasible plan.
We moeten met een werkbaar plan komen.
Vuh MOE-tun met un vuhrk-BAA-r plan KAW-mun

Can we consider alternative options?
Kunnen we alternatieve opties overwegen?
Koen-nun vuh al-ter-na-tie-ve op-sies oh-ver-we-gen?

Let's analyze the market trends and competition.
Laten we de markttrends en concurrentie analyseren.
Lah-TEN vuh duh mark-TRENDS en kon-KUR-ren-sie ah-na-LEE-ZE-REN

We need to reach a compromise that satisfies both parties.
We moeten een compromis bereiken dat beide partijen tevreden stelt.
Vuh MOE-tun uhn kum-PRAH-miss buh-REY-kuh dat BAY-duh pahr-TAY-en tuh-VREY-duhn stelt

Can we negotiate the terms of the contract?
Kunnen we onderhandelen over de voorwaarden van het contract?
KOENEN we on-der-han-de-LEN over de voor-WAAR-den van het con-TRACT?

Let's review the key points of the agreement.
Laten we de belangrijkste punten van de overeenkomst nog eens bekijken.
LAH-ten vuh duh beh-lang-ryk-STUH pun-ten van DUH oo-vur-een-KOMST nog UHNS buh-kai-ken

We need to make sure that the deal is mutually beneficial.
We moeten ervoor zorgen dat de deal voor beide partijen voordelig is.
Weh MOO-ten ur-voor zor-HEN dat de deal VOOR BAI-de par-tai-jen VOOR-duh-luk is

Can we discuss the terms of payment in detail?
Kunnen we de betalingsvoorwaarden in detail bespreken?
KUN-nun vuh de buh-tah-LINGHS-voor-WAAR-den in dee-TAIL buh-SPREK-ken?

We need to find a solution that meets everyone's needs.
We moeten een oplossing vinden die aan ieders behoeften voldoet.
Vuh MOO-sten uhn oh-plo-sing VIN-den dee ahn EE-ders buh-HOEF-ten vul-DOET?

Can we discuss the pricing and costs involved?
Kunnen we de prijzen en kosten bespreken?
KOENEN we de PRE-izen en KOSTEN besp-REKEN?

DESCRIBING ARTWORK

The painting is very vivid and colorful.
Het schilderij is heel levendig en kleurrijk.
Het SCHIL-de-rij is heel LE-ven-dig en KLEUR-rijk

The sculpture has intricate details and textures.
Het beeldhouwwerk heeft ingewikkelde details en texturen.
Het BEELD-houw-werk heeft in-ge-WIK-kel-de de-TAILS en TEX-tu-ren

The artwork is very abstract and open to interpretation.
Het kunstwerk is heel abstract en open voor interpretatie.
Het KUNST-werk is heel AB-stract en O-pen voor in-ter-pre-ta-tie

The artist used a lot of contrast to create a dramatic effect.
De kunstenaar heeft veel contrast gebruikt om een dramatisch effect te creëren.
De KUNS-te-naar heeft veel CON-trast ge-bruikt om een dra-MA-tisch ef-fect te kre-E-ren

The piece has a lot of movement and energy.
Het stuk heeft veel beweging en energie.
Het STUK heeft veel be-WE-ging en EN-er-gie

The colors in the painting are very bold and striking.
De kleuren in het schilderij zijn heel gedurfd en opvallend.
De KLEU-ren in het SCHIL-de-rij zijn heel ge-DURFD en op-VAL-lend

The lines in the drawing are very fluid and dynamic.
De lijnen in de tekening zijn heel vloeiend en dynamisch.
De LIJ-nen in de TE-ke-ning zijn heel VLOEI-end en dy-na-MISCH

The artwork has a very serene and peaceful quality to it.
Het kunstwerk heeft een heel sereen en vredig karakter.
Het KUNST-werk heeft een heel SE-reen en VRE-dig ka-RAK-ter

The composition of the piece is very balanced and harmonious.
De compositie van het stuk is heel gebalanceerd en harmonieus.
De co-mo-SI-tie van het STUK is heel ge-BALAN-ceerd en har-MO-nieus

The texture in the artwork is very rough and tactile.
De textuur in het kunstwerk is heel ruw en tastbaar.
De TEX-tuur in het KUNST-werk is heel RUW en TAS-tbaar

The use of light and shadow in the painting is very impressive.
Het gebruik van licht en schaduw in het schilderij is heel indrukwekkend.
Het ge-BRUIK van LICHT en SCHA-duw in het SCHIL-de-rij is heel in-Druk-wek-kend

The piece has a very dark and ominous tone to it.
Het stuk heeft een heel donkere en dreigende toon.
Het STUK heeft een heel DON-ke-re en DREI-gende toon

The subject matter of the artwork is very thought-provoking.
Het onderwerp van het kunstwerk is heel prikkelend voor de gedachten.
Het ON-der-werp van het KUNST-werk is heel PRIK-ke-lend voor de ge-DAch-ten

The painting is very realistic and lifelike.
Het schilderij is heel realistisch en levensecht.
Het SCHIL-de-rij is heel re-a-LIS-tisch en LE-ven-secht

The artist used a lot of texture to create depth in the artwork.
De kunstenaar heeft veel textuur gebruikt om diepte te creëren in het kunstwerk.
De KUNS-te-naar heeft veel TEX-tuur ge-bruikt om DIEP-te te kre-E-ren in het KUNST-werk

The piece is very abstract and experimental in its approach.
Het stuk is heel abstract en experimenteel in zijn benadering.
Het STUK is heel AB-stract en ex-pe-ri-men-TEEL in zijn be-na-DE-ring

The sculpture has a very smooth and polished finish.
Het beeldhouwwerk heeft een heel glad en gepolijst uiterlijk.
Het BEELD-houw-werk heeft een heel glad en ge-po-LIJST UIT-er-lijk

The colors in the piece complement each other very well.
De kleuren in het stuk vullen elkaar heel goed aan.
De KLEU-ren in het STUK VUL-len el-kaar heel goed aan

The painting has a very dreamlike quality to it.
Het schilderij heeft een heel dromerig karakter.
Het SCHIL-de-rij heeft een heel DRO-me-rig ka-RAK-ter

The lines in the artwork are very sharp and precise.
De lijnen in het kunstwerk zijn heel scherp en precies.
De LIJ-nen in het KUNST-werk zijn heel SCherp en pre-CIES

The artist used a lot of symbolism in the piece.
De kunstenaar heeft veel symboliek gebruikt in het stuk.
De KUNS-te-naar heeft veel SYM-bo-liek ge-bruikt in het STUK

The piece has a very futuristic and otherworldly feel to it.
Het stuk heeft een heel futuristisch en onwerelds gevoel.
Het STUK heeft een heel FU-tu-ris-tisch en ON-wer-elds GE-voel

The use of color in the artwork is very bold and daring.
Het gebruik van kleur in het kunstwerk is heel gedurfd en gewaagd.
Het ge-BRUIK van KLEUR in het KUNST-werk is heel ge-DURFD en ge-WAAGD

The piece has a very playful and whimsical tone to it.
Het stuk heeft een heel speels en grillig karakter.
Het STUK heeft een heel SPEELS en GRIL-lig ka-RAK-ter

The sculpture has a very dynamic and energetic feel to it.
Het beeldhouwwerk heeft een heel dynamisch en energiek gevoel.
Het BEELD-houw-werk heeft een heel DY-na-misch en ener-GIEK GE-voel

The use of light in the artwork creates a very dramatic effect.
Het gebruik van licht in het kunstwerk creëert een heel dramatisch effect.
Het ge-BRUIK van LICHT in het KUNST-werk CREE-ert een heel dra-MA-tisch EF-fect

The piece has a very raw and emotional quality to it.
Het stuk heeft een heel rauw en emotioneel karakter.
Het STUK heeft een heel RAUW en e-mo-tio-NEEL ka-RAK-ter

The artist used a lot of contrast to create a striking visual impact.
De kunstenaar heeft veel contrast gebruikt om een opvallend visueel effect te creëren.
De KUNS-te-naar heeft veel CONTRAST ge-bruikt om een op-VAL-end vi-SU-eel EF-fect te kre-E-ren

The piece has a very nostalgic and sentimental feeling to it.
Het stuk heeft een heel nostalgisch en sentimenteel gevoel.
Het STUK heeft een heel nos-TAL-gisch en sen-ti-men-TEEL GE-voel

The artwork has a very whimsical and playful quality to it.
Het kunstwerk heeft een heel grillig en speels karakter.
Het KUNST-werk heeft een heel GRIL-lig en SPEELS ka-RAK-ter

The colors used in the painting are very vibrant and eye-catching.
De kleuren die in het schilderij zijn gebruikt zijn heel levendig en opvallend.
De KLEU-ren die in het SCHIL-der-ij zijn ge-BRUIKT zijn heel LE-ven-dig en op-VAL-lend

The artwork has a very ethereal and dreamlike quality to it.
Het kunstwerk heeft een heel etherisch en dromerig karakter.
Het KUNST-werk heeft een heel E-the-risch en DRO-me-rig ka-RAK-ter

The use of texture in the sculpture adds an interesting tactile element.
Het gebruik van textuur in het beeldhouwwerk voegt een interessant tactiel element toe.
Het ge-BRUIK van TEX-tuur in het BEELD-houw-werk voegt een in-TE-res-sant tac-TIEL e-le-MENT toe

The piece has a very contemporary and modern feel to it.
Het stuk heeft een heel hedendaags en modern gevoel.
Het STUK heeft een heel HE-den-daags en MO-dern GE-voel

WATCHING EUROPEAN SOCCER

Great pass! That was brilliant!
Geweldige pass! Dat was briljant!
Ge-WEL-di-ge pass! dat was BRIL-jant!

Come on, ref! That was a violation!
Kom op, scheids! Dat was een overtreding!
Kom op, scheyts! dat was een OVER-tre-ding!

What a goal! Absolutely incredible!
Wat een doelpunt! Absoluut ongelooflijk!
Waht een DOEL-punt! ab-so-LUUT on-ge-LOOF-lijk!

Offside! He was clearly offside.
Buitenspel! Hij stond duidelijk buitenspel.
BUI-ten-spel! hij stond DUI-de-lijk BUI-ten-spel

Great save from the keeper!
Mooie redding van de keeper!
Mooie RE-ding van de KEE-per!

Stand up, that was hardly an offense!
Sta op, dat was nauwelijks een overtreding!
Sta op, dat was NAU-we-lijks een OVER-tre-ding!

What are you doing? You had an open shot!
Wat doe je? Je had een open schot!
Waht doe je? je had een OPEN schot!

That was a bad decision by the linesman.
Dat was een slechte beslissing van de grensrechter.
Dat was een SLECH-te be-SLIS-sing van de grens-RECH-ter

The defense needs to tighten up, they give away too much space.
De verdediging moet zich strakker opstellen, ze geven te veel ruimte weg.
De VER-de-di-ging moet zich STRAK-ker op-STEL-len, ze GE-ven te veel RUI-mte weg

That was hardly a yellow card, the ref is too strict.
Dat was een harde gele kaart, de scheids is te streng.
Dat was een HAR-de GE-le kaart, de scheids is te STRENG

What a miss! How could he not score that?
Wat een misser! Hoe kon hij dat niet scoren?
Waht een MIS-ser! hoe kon hij dat niet SCO-ren?

That was a perfect slide, well done!
Dat was een perfecte sliding, goed gedaan!
Dat was een PER-fec-te SLI-ding, goed ge-DAAN!

He's not on a roll today, he needs to raise the level.
Hij is vandaag niet op dreef, hij moet het niveau omhoog brengen.
Hij is van-DAAG niet op DREEF, hij moet het NIVEAU om-HOOG brengen

Fantastic control through the midfield, they dominate possession.
Fantastische controle door het middenveld, ze domineren het balbezit.
Fan-TAS-ti-sche con-TRO-le door het MID-den-veld, ze do-MI-ne-ren het BAL-be-zit

That was a weak attempt, he needs to put more power behind the ball.
Dat was een zwakke poging, hij moet meer kracht achter de bal zetten.
Dat was een ZWAK-ke po-GING, hij moet meer KRACHT achter de BAL zet-ten

That was a clear penalty kick, good decision by the referee.
Dat was een duidelijke strafschop, goede beslissing van de scheids.
Dat was een DUI-de-lij-ke STRAF-schop, GOE-de be-SLIS-sing van de scheids

The goalkeeper played a great game today, he keeps the team going.
De doelman heeft vandaag een geweldige wedstrijd gespeeld, hij houdt het team op de been.
De DOEL-man heeft van-DAAG een GE-wel-di-ge WED-strijd ge-SPEELD, hij HOUDT het TEAM op de BEEN

The players need to be smarter, they give away too many unnecessary free kicks.
De spelers moeten slimmer zijn, ze geven te veel onnodige vrije trappen weg.
De SPE-lers moeten SLIM-mer zijn, ze GE-ven te veel ON-no-di-ge VRI-je TRAP-pen weg

The keeper didn't stand a chance.
De keeper had geen schijn van kans.
De KEE-per had geen SCHIJN van KANS

VISITING A BARBER OR HAIRSTYLIST

Can you give me a trim?
Kunt u me een knipbeurt geven?
KUN-tu mee een KNIP-beurt GHE-ven?

I want to go shorter, can you help me with that?
Ik wil korter haar, kunt u me helpen?
Ik wil KOR-ter haar, KUNT u mee HELP-en?

Can you give me a buzz cut?
Kunt u me een tondeusekapsel geven?
KUNT u mee een TON-deuz-kap-sel GHE-ven?

Can you give me a fade?
Kunt u me een fade geven?
KUNT u mee een FADE GHE-ven?

I want to keep the length but just tidy it up a bit.
Ik wil de lengte behouden, maar het gewoon een beetje netter maken.
Ik wil de LENG-te be-HOU-den, maar het ge-WOON een BEET-je NET-ter MA-ken.

Can you add some layers to my hair?
Kunt u wat lagen aan mijn haar toevoegen?
KUNT u wat LA-gen aan mijn HAAR toe-VOE-gen?

I want to go for a new style, can you recommend something?
Ik wil een nieuwe stijl proberen, kunt u iets aanbevelen?
Ik wil een NIEU-we STIJL pro-BE-ren, KUNT u iets aan-be-VE-len?

Can you thin out my hair a bit?
Kunt u mijn haar een beetje uitdunnen?
KUNT u mijn HAAR een BEET-je UIT-dun-nen?

Can you give me a side part?
Kunt u me een zijscheiding geven?
KUNT u mee een ZIJ-schei-ding GHE-ven?

Can you give me a messy look?
Kunt u me een rommelige look geven?
KUNT u mee een ROM-mel-ige LOOK GHE-ven?

I want to keep my curls but just tidy them up a bit.
Ik wil mijn krullen behouden, maar ze gewoon een beetje netter maken.
Ik wil mijn KRUL-len be-HOU-den, maar ze ge-WOON een BEET-je NET-ter MA-ken.

Can you help me grow out my hair?
Kunt u me helpen mijn haar te laten groeien?
KUNT u mee HELP-en mijn HAAR te LA-ten GROEI-en?

I want to add some highlights, can you do that?
Ik wil highlights toevoegen, kunt u dat doen?
Ik wil HIGH-lights toe-VOE-gen, KUNT u dat DO-en?

Can you give me a sleek, straight look?
Kunt u me een strakke, steile look geven?
KUNT u mee een STRAK-ke, STAI-le LOOK GHE-ven?

I want to go for a bold color, can you help me with that?
Ik wil een gedurfde kleur proberen, kunt u me helpen?
Ik wil een GE-durf-de KLEUR pro-BE-ren, KUNT u mee HELP-en?

Can you give me a perm?
Kunt u me een permanent geven?
KUNT u mee een PER-manent GHE-ven?

Can you help me get rid of split ends?
Kunt u me helpen van gespleten haarpunten af te komen?
KUNT u mee HELP-en van GES-ple-ten HAAR-pun-ten af te KO-men?

Can you give me a trim but leave my bangs longer?
Kunt u me een knipbeurt geven, maar mijn pony langer laten?
KUNT u mee een KNIP-beurt GHE-ven, maar mijn PO-ny LAN-ger LA-ten?

I want to go for a shorter cut but still keep some length, can you help me with that?
Ik wil een korter kapsel, maar toch wat lengte behouden, kunt u me helpen?
Ik wil een KOR-ter KAP-sel, maar TOCH wat LENG-te be-HOU-den, KUNT u mee HELP-en?

Can you help me style my hair for a special occasion?
Kunt u me helpen mijn haar te stylen voor een speciale gelegenheid?
KUNT u mee HELP-en mijn HAAR te STY-len voor een SPE-ci-a-le GE-LE-gen-heid?

Can you recommend some products to help me style my hair at home?
Kunt u enkele producten aanbevelen om mijn haar thuis te stylen?
KUNT u EN-ke-le PRO-duc-ten aan-be-VE-len om mijn HAAR THUIS te STY-len?

Can you give me a clean, polished look?
Kunt u me een schone, gepolijste look geven?
KUNT u mee een SCHO-ne, GE-po-lij-ste LOOK GHE-ven?

I want to keep my hair long but just add some shape to it.
Ik wil mijn haar lang houden, maar er gewoon wat vorm aan geven.
Ik wil mijn HAAR LANG HOU-den, maar er ge-WOON wat VORM aan GE-ven.

Can you give me a textured look?
Kunt u me een getextureerde look geven?
KUNT u mee een GE-tex-tu-reer-de LOOK GHE-ven?

I want to go for a natural, beachy look.
Ik wil een natuurlijke, strandachtige look proberen.
Ik wil een NA-tuur-LIJ-ke, STRAND-ach-ti-ge LOOK pro-BE-ren.

Can you give me a retro, vintage style?
Kunt u me een retro, vintage stijl geven?
KUNT u mee een RE-tro, VIN-tage STIJL GHE-ven?

I want to go for a sleek, professional look.
Ik wil een strakke, professionele look proberen.
Ik wil een STRAK-ke, PRO-fes-sio-NE-le LOOK pro-BE-ren.

Can you give me a shaved undercut?
Kunt u me een geschoren undercut geven?
KUNT u mee een GE-scho-ren UN-der-CUT GHE-ven?

Can you help me add volume to my hair?
Kunt u me helpen meer volume aan mijn haar toe te voegen?
KUNT u mee HELP-en meer VOLU-me aan mijn HAAR toe te VOEG-en?

I want to go for a trendy, edgy style.
Ik wil een trendy, edgy stijl proberen.
Ik wil een TREN-dy, ED-gy STIJL pro-BE-ren.

SHOPPING AT A GROCERY STORE

Where can I find the milk?
Waar kan ik de melk vinden?
Waar kan ik de melk VIND-en?

Do you carry almond milk?
Verkoopt u amandelmelk?
Ver-KOOP-tu al-MAN-del-melk?

Can you direct me to the bread aisle?
Kunt u mij naar het broodpad verwijzen?
Kunt u mij naar het brood-PAD ver-WIJ-zen?

Where can I find fresh produce?
Waar kan ik verse producten vinden?
Waar kan ik VER-se pro-DUC-ten VIN-den?

Do you have any ripe bananas?
Heeft u rijpe bananen?
Heeft u RIJ-pe bana-NEN?

Where can I find the eggs?
Waar kan ik de eieren vinden?
Waar kan ik de EI-eren VIN-den?

Do you carry organic produce?
Verkoopt u biologische producten?
Ver-KOOP-tu bio-LO-gi-sche pro-DUC-ten?

Can you direct me to the meat department?
Kunt u mij naar de vleesafdeling verwijzen?
Kunt u mij naar de VLEES-af-de-ling ver-WIJ-zen?

Where can I find ground beef?
Waar kan ik gehakt vinden?
Waar kan ik GE-hakt VIN-den?

Do you have any chicken breasts?
Heeft u kipfilets?
Heeft u KIP-fil-ets?

Can you tell me where the canned goods are located?
Kunt u mij vertellen waar de ingeblikte goederen zich bevinden?
Kunt u mij ver-TEL-len waar de in-ge-BLIK-te GOE-de-ren zich be-VIN-den?

Where can I find the pasta?
Waar kan ik de pasta vinden?
Waar kan ik de PAS-ta VIN-den?

Do you carry gluten-free products?
Verkoopt u glutenvrije producten?
Ver-KOOP-tu GLUT-en-vrij-e pro-DUC-ten?

Can you direct me to the bakery?
Kunt u mij naar de bakkerij verwijzen?
Kunt u mij naar de BAK-ke-rij ver-WIJ-zen?

Where can I find fresh baked bread?
Waar kan ik versgebakken brood vinden?
Waar kan ik VERS-ge-BAK-ken brood VIN-den?

Do you have any bagels left?
Heeft u nog bagels?
Heeft u nog BA-gels?

Can you tell me where the frozen foods are located?
Kunt u vertellen waar de diepvriesproducten zich bevinden?
Kunt u ver-TEL-len waar de DIEP-vries-pro-DUC-ten zich be-VIN-den?

Where can I find ice cream?
Waar kan ik ijs vinden?
Waar kan ik IJS VIN-den?

Do you carry any vegan products?
Verkoopt u veganistische producten?
Ver-KOOP-tu vee-GA-nis-tische pro-DUC-ten?

Can you direct me to the deli counter?
Kunt u mij naar de delicatessenafdeling verwijzen?
Kunt u mij naar de DE-li-ka-tes-sen-af-de-ling ver-WIJ-zen?

Where can I find sliced turkey?
Waar kan ik gesneden kalkoen vinden?
Waar kan ik ge-SNE-den kal-KOE-nen VIN-den?

Do you have any freshly made sandwiches?
Heeft u vers gemaakte sandwiches?
Heeft u VERS ge-MAAK-te SAND-wiches?

Can you tell me where the chips and snacks are located?
Kunt u vertellen waar de chips en snacks zich bevinden?
Kunt u ver-TEL-len waar de CHIPS en SNACKS zich be-VIN-den?

Where can I find potato chips?
Waar kan ik chips vinden?
Waar kan ik CHIPS VIN-den?

Do you carry any specialty items such as international foods or spices?
Verkoopt u speciale items zoals internationale voedingsmiddelen of kruiden?
Ver-KOOP-tu SPE-ciale ITEMS zoals in-ter-na-TIO-na-le VOED-ings-mid-de-len of KRUI-den

Where can I find the rice?
Waar kan ik de rijst vinden?
WAAR kan ik duh REIST VIN-dun?

Do you have any quinoa?
Heeft u quinoa?
HAYT uu KEEN-wah?

Can you direct me to the seafood department?
Kunt u mij doorverwijzen naar de visafdeling?
KUNT uu mae door-ver-WAAI-zun NAAR duh VISS-uf-deling?

Where can I find fresh salmon?
Waar kan ik verse zalm vinden?
WAAR kan ik VER-se zal-m VIN-dun?

Do you carry any sushi-grade fish?
Heeft u vis van sushikwaliteit?
HAYT uu vis van SOE-sjee-kwah-LAI-tait?

Can you tell me where the cheese is located?
Kunt u mij vertellen waar de kaas zich bevindt?
KUNT uu mae ver-TEL-lun waar duh KAAS zigh buh-VINDT?

Where can I find cheddar cheese?
Waar kan ik cheddar kaas vinden?
WAAR kan ik CHE-dur kaas VIN-dun?

Do you have any goat cheese?
Heeft u geitenkaas?
HAYT uu GAI-tun-kaas?

Can you direct me to the bulk foods section?
Kunt u mij doorverwijzen naar de afdeling met losse voedingsmiddelen?
KUNT uu mae door-ver-WAAI-zun NAAR duh AF-deling met LOS-se VUH-dings-muh-dul-lun?

Where can I find nuts and seeds?
Waar kan ik noten en zaden vinden?
WAAR kan ik NOT-un en ZAY-dun VIN-dun?

Do you carry any dried fruits?
Draagt u gedroogd fruit?
DRAAGT uu guh-DROOGT fruit?

Can you tell me where the condiments are located?
Kunt u mij vertellen waar de sauzen staan?
KUNT uu mae ver-TEL-lun waar duh SAU-zun staan?

Where can I find ketchup?
Waar kan ik ketchup vinden?
WAAR kan ik KEH-tsjup VIN-dun?

Do you have any mustard?
Heeft u mosterd?
HAYT uu MOS-turt?

Can you direct me to the beer and wine section?
Kunt u mij doorverwijzen naar de bier- en wijnafdeling?
KUNT uu mae door-ver-WAAI-zun NAAR duh BEER-uhn WYN-af-deling?

Where can I find red wine?
Waar kan ik rode wijn vinden?
WAAR kan ik RO-duh WYN VIN-dun?

Do you have any craft beer?
Heeft u speciaalbier?
HAYT uu SPEE-sjaal-beer?

Can you tell me where the paper products are located?
Kunt u mij vertellen waar de papierproducten zich bevinden?
KUNT uu mae ver-TEL-lun waar duh PAH-peer-proe-duhk-tun zigh buh-VIND-un?

Where can I find toilet paper?
Waar kan ik toiletpapier vinden?
WAAR kan ik TOI-let-pa-peer VIN-dun?

Do you have any paper towels?
Heeft u keukenpapier?
HAYT uu KEU-ken-pa-peer?

Can you direct me to the cleaning supplies section?
Kunt u mij doorverwijzen naar de afdeling met schoonmaakartikelen?
KUNT uu mae door-ver-WAAI-zun NAAR duh AF-deling met SCHOON-maak-ar-tie-kuh-lun?

Where can I find dish soap?
Waar kan ik afwasmiddel vinden?
WAAR kan ik AF-was-mid-dul VIN-dun?

Do you have any laundry detergent?
Heeft u wasmiddel?
HAYT uu WAS-mid-dul?

Can you tell me where the pet food is located?
Kunt u mij vertellen waar het dierenvoer zich bevindt?
KUNT uu mae ver-TEL-lun waar hut DEE-ren-voer zigh buh-VINDT?

Where can I find cat food?
Waar kan ik kattenvoer vinden?
WAAR kan ik KAT-un-voer VIN-dun?

HOME SUPPLIES

Can you direct me to the baby products section?
Kunt u mij naar de babyproducten verwijzen?
KUNT u mij naar de BAbyPROducten VERwijzen?

Where can I find diapers?
Waar kan ik luiers vinden?
WAAR kan ik LUIers VINDen?

Do you carry any organic baby food?
Verkoopt u biologisch babyvoeding?
VerKOOPt u BIOloGisch BABYvoeDING?

Can you tell me where the pharmacy is located?
Kunt u mij vertellen waar de apotheek zich bevindt?
KUNT u mij VERtellen waar de APOtheek zich BEvindt?

Where can I find pain relievers?
Waar kan ik pijnstillers vinden?
WAAR kan ik PIJNstilLERS VINDen?

Do you carry any cough medicine?
Verkoopt u hoestmedicijn?
VerKOOPt u HOESTmeDIcijn?

Can you direct me to the cosmetics aisle?
Kunt u mij naar het cosmetica-afdeling verwijzen?
KUNT u mij naar het COSmetiCA-afdeLING VERwijzen?

Where can I find shampoo?
Waar kan ik shampoo vinden?
WAAR kan ik SHAMpoo VINDen?

Do you carry any natural or organic beauty products?
Verkoopt u natuurlijke of biologische schoonheidsproducten?
VerKOOPt u naTUURlijke of BIOloGISCHE schoonHEIDSproDUCten?

Can you tell me where the kitchenware is located?
Kunt u mij vertellen waar de keukenspullen zich bevinden?
KUNT u mij VERtellen waar de KEUKENspulLEN zich BEvinden?

Where can I find pots and pans?
Waar kan ik potten en pannen vinden?
WAAR kan ik POTten en PANnen VINDen?

Do you carry any baking supplies?
Verkoopt u bakspullen?
VerKOOPt u BAKspulLEN?

Can you direct me to the electronics section?
Kunt u mij naar de elektronica-afdeling verwijzen?
KUNT u mij naar de ELEKtroNICA-afdeLING VERwijzen?

Where can I find headphones?
Waar kan ik koptelefoons vinden?
WAAR kan ik KOPtelefoons VINDen?

Do you carry any phone chargers?
Verkoopt u telefoonopladers?
VerKOOPt u TELEfoonOPLAders?

Can you tell me where the office supplies are located?
Kunt u mij vertellen waar de kantoorbenodigdheden zich bevinden?
KUNT u mij VERtellen waar de KANtoorBEnoDIGheDEN zich BEvinden?

Where can I find pens and paper?
Waar kan ik pennen en papier vinden?
WAAR kan ik PENnen en PAPIER VINDen?

Made in the USA
Monee, IL
23 April 2023